Romanische Kreuzgänge in Frankreich

Jacqueline Carron-Touchard

Romanische Kreuzgänge in Frankreich

echter

Umschlag Titelbild: *Fontfroide (Aude), Innenhof des Kreuzgangs von der Westgalerie aus*
Umschlag Rückseite: *Fontenay (Côte-d'Or), Blick in den Kreuzgang vom Kapitelsaal aus*

CIP-Kurztitelaufnahme der Deutschen Bibliothek

Carron-Touchard, Jacqueline:
Romanische Kreuzgänge in Frankreich / Jacqueline Carron-Touchard.
[Übers. aus d. Franz. von Angelika Kolb-Fichtler u. Karl Kolb]. –
Würzburg : Echter, 1986.
Einheitssacht.: Cloîtres romans de France ⟨dt.⟩
ISBN 3-429-01009-8

Übersetzt aus dem Französischen von Angelika Kolb-Fichtler und Karl Kolb
Fotos : Zodiaque (mit Ausnahme von Bild 15 : Franceschi, sowie Bild 11 und 42 : Simonin)
Zeichnungen : Dom Noël Deney

Satz, Druck, buchbinderische Verarbeitung:
Echter Würzburg, Fränkische Gesellschaftsdruckerei und Verlag GmbH
ISBN 3-429-01009-8

Inhalt

Einleitung 7

Die Ursprünge des Mönchtums 9

Der Verfall des Römischen Reiches – Die Macht der Kirche und der Klöster im frühen Mittelalter – Cluny und der Wiederbeginn – Das langsame Erstarken der französischen Macht – Die Chorherren- oder Kanonikerstifte – Der heilige Bernhard und das Ideal der Zisterzienser

Der Kreuzgang und sein Raum 19

Der Ursprung der Kreuzgänge – Die Errichtung der Kreuzgänge – Die Kraft der Formen und Zahlen – Der Brunnen und die Bedeutung des Wassers – Die Funktion des Kreuzgangs – Das Spiel des Lichts – Die Vielfalt der Kreuzgänge

Übersichtskarte 26/27

Die Bildseiten 33–80

Champagne, Burgund, Auvergne 29

Rhône, Provence, Côte d'Azur 85

Languedoc, Roussillon, Midi, Pyrenäen 91

Mitte und Südwesten, das Land an der Loire . . . 97

Bretagne und Normandie 101

Der Nordosten und das Pariser Becken 103

Übersicht 106

Ortsregister 108

Einleitung

Wir sollten uns vor Augen halten, daß das heutige Frankreich zu weiten Teilen eines der ältesten Länder Europas darstellt. Im Mittelalter war es zugleich das bevölkerungsreichste. Während Deutschland und Italien noch aus einer Vielzahl kleiner, rivalisierender Fürstentümer bestanden, in denen unterschiedliche Sprachen gesprochen wurden, bildete Frankreich bereits eine gewisse politische und kulturelle Einheit.

Nach dem Niedergang des römischen Imperiums entwickelte sich die Baukunst in Westeuropa in enger Beziehung zum Christentum. Es verbreitete sich unaufhaltsam, auch in den Zeiten, da die Völkerwanderungen und Invasionen über das zugrunde gehende Römische Reich hinwegfegten.

Die ersten Abteien Frankreichs stammen aus dem 4. Jahrhundert, und sie erlebten eine große Blütezeit. Der Boden Frankreichs birgt in reichem Maße gutes und brauchbares Gestein. Überall eröffneten Steinbrüche die Möglichkeit, die alten Holzbauten durch feste Gebäude zu ersetzen, die einen größeren Schutz gegen Feuer und Plünderungen boten. Die Strukturen der Klostergebäude paßten sich dem nach innen ausgerichteten Leben der Mönche an. Ganz dem Gebet hingegeben, lebten sie in autonomen Gemeinschaften, die für ihren Unterhalt selbst sorgen mußten. Außerdem nahmen die Mönche Notleidende auf, behandelten Kranke, lehrten die Jugend. Sie errichteten ihre Gebäude, fertigten ihre Werkzeuge und bestellten ihr Land mit eigener Hand.

Nichts kennzeichnet eine Gesellschaft besser als ihre Architektur. Die Klosteranlagen veranschaulichen dies in hervorragender Weise, denn sie sind von jenen geplant und entwickelt worden, die darin auch leben sollten. So waren sie vollkommen den Bedürfnissen ihrer Bewohner angepaßt.

Viele bedeutende Studien sind über die Benediktiner-, Cluniazenser- oder Zisterzienserbauten veröffentlicht worden. Allerdings behandeln sie die einzelnen Mönchsorden meistens getrennt voneinander. In Frankreich blieb eine große Zahl von romanischen Kirchen erhalten; aber nur wenige Klöster und noch weniger Kreuzgänge hielten der Zeit, den Religionskriegen und der Französischen Revolution stand, da man sie oft als billige und leicht zu nutzende Steinbrüche betrachtete, die fertig zugerichtetes Baumaterial lieferten.

Die Ursprünge des Mönchtums

Die ersten Christen, die sich aus der Welt zurückzogen, die sogenannten *Anachoreten,* lebten als Eremiten, also als Einsiedlermönche, zunächst in der ägyptischen Wüste und bald darauf im ganzen Vorderen Orient. Sie sind die Nachfolger der Märtyrer, die, wenngleich sie sich nicht mehr um ihres Glaubens willen töten lassen, so doch auf andere Weise Zeugen Christi sein wollten. Diese Menschen, wie Antonius, ein reicher Bauer aus dem Niltal, zogen seit dem 3. Jahrhundert (um 270) Schüler an, die sich um sie scharten. Sie fanden sich zum gemeinsamen Gebet zusammen. Daraus erwuchsen dann die ersten Gemeinschaften oder *Koinobien,* Arten von Mönchsdörfern ohne festgelegten Bauplan, deren oberster Grundsatz es war, abgeschieden von der Welt in Gebet und Armut zu leben. Die Menschen, die sich dorthin zurückzogen, verzichteten auf allen Ruhm, Reichtum oder Sinnengenuß. Weitab von den Versuchungen der Welt, war jeder Augenblick des Tages einerseits mit der Arbeit für den Lebensunterhalt, andererseits mit Gebet, Lesung und Meditation ausgefüllt. Man muß sich vor Augen halten, daß sich dies in armen Ländern vollzog, in denen Sklaverei herrschte und die militärischen Verpflichtungen hart waren. Die Gemeinschaften zogen also viele Menschen an, die solchen Lebensbedingungen entrinnen wollten.

Der 286 nahe bei Theben geborene Pachomios verbreitete nach seiner Konversion diese Art kollektiven Lebens. Er gründete neun Gemeinschaften und bestimmte die Äbte, denen sie gehorchen sollten.

Nach Frankreich kam der neue Glaube aus dem östlichen Mittelmeerraum und aus Rom. Eingang fand er über das Rhônetal. Zu derselben Zeit, in der sich das Christentum im Abendland ausbreitete, kam einer der ersten Jünger des Mönchswesens nach Gallien: Martin, ein römischer Legionär. Er gründete um 361 bei Poitiers vielleicht das erste, auf jeden Fall eines der allerersten Klöster des Abendlandes, das heutige Ligugé. Obwohl er gegen seinen Willen 371 zum Bischof von Tours gewählt worden war, setzte er sein Leben als Mönch mit anderen Jüngern in dem Kloster fort, das sich später Marmoutier nannte. Nichts weist darauf hin, daß ein Bauplan vorlag. Die Ausgrabungen zeigen, daß eine Kirche vorhanden war, ein einfacher, nach Osten ausgerichteter, rechteckiger Saal, dazu in unmittelbarer Nachbarschaft Zellen und verschiedene Gebäude, von denen einige für das Leben in einer Gemeinschaft unentbehrlich waren.

Der Verfall des Römischen Reiches

Das Abendland sollte über Jahrhunderte hinweg dem Einfall der Völker ausgesetzt sein, die in aufeinanderfolgenden Wogen aus dem Osten kamen. Diese Invasionen wurden lange Zeit von den Römern zurückgeschlagen, bis auch ihr Widerstand nachließ. Ihr Reich war zu groß, so daß sie die Grenzen nicht mehr verteidigen konnten.

Die Klostergründungen stellen mit Sicherheit die größte Leistung dieses frühen Mittelalters

dar, als sich das Römische Reich auflöste, seine Städte und wirtschaftlichen Zentren verfielen, seine Straßen verschwanden und seine kulturellen Zentren verblaßten.
Die Mönche waren damals nahezu die einzigen, die Neuland erschlossen und kultivierten, Reisende und Kranke aufnahmen und Unterricht erteilten. Neben den Priestern verstanden nur sie die klassischen Texte. Sie verwandten auch als erste das Pergament anstelle von Papyrus, der aus dem Orient kam. Sie kopierten darauf die Dokumente in griechischer und vor allem in lateinischer Schrift, bis sie die karolingische Minuskel erfanden, die sich dann rasch im ganzen Abendland verbreitete.
Gewiß gab es in den Städten schon die weltlichen Priester, die unter den Laien lebten, die Bischöfe (die von Steuern und Militärdienst befreit waren), ihre Schulen, doch die ländlichen Gebiete Galliens blieben noch lange Zeit heidnisch. Martin, ehemaliger Offizier und Mann der Tat, predigte als erster den Heiden, den *pagani* (im Französischen haben die Worte für Bauer, »paysan«, und für Heide, »païen«, dieselbe etymologische Wurzel), und gründete Kapellen und Kirchen. Unzählig sind die Plätze, Quellen oder Calvaires, die seinen Namen tragen und seinen Ruhm bezeugen.
Andere folgten seinem Beispiel. Seit dem 4. Jahrhundert verbreitete sich das Mönchtum in allen christlichen Ländern. Ein großer Teil der lebendigen Kräfte des zerfallenden Römischen Reiches konzentrierte sich auf diese befestigten Zentren des religiösen Lebens, der Zivilisation und Bildung.
Die Menschen, die sich freiwillig aus der Welt zurückzogen, wollten getreu der Bibel leben und sowohl manuell als auch geistig arbeiten. Sie besaßen kein privates Eigentum und lebten äußerst bescheiden. Mit ihrer Hilfe drang die Religion und Zivilisation nach und nach auch in die ländlichen Gebiete ein.
Im 5. Jahrhundert sind die Klöster voneinander unabhängig, jedes hat seine eigene Regel, inspiriert durch die Vorschriften des heiligen Augustinus und der Kirchenlehrer. Zu den allgemeinen Ordensregeln des Bischofs von Hippo kam eine Regel, die Pachomios vor seinem Tod im Jahre 349 verfaßt hatte.
Ursprünglich waren es Laien, die sich in den Klöstern zusammenfanden. An ihrer Spitze stand ein Priester, der die kultische Handlung ausführte. Mit der Zeit wuchs dann aber die Zahl der Kleriker, die studierten, um ein kirchliches Amt zu übernehmen.

Die Macht der Kirche und der Klöster im frühen Mittelalter

Lange Zeit hatte das Römische Reich im gesamten Mittelmeerraum die Vorherrschaft inne. Der vielfältige Austausch sowohl auf kulturellem wie auf wirtschaftlichem Gebiet fand auf dem Seewege statt. So entfalteten sich rund um das Mittelmeer die verschiedenen Zivilisationen. Mit den Einfällen aus dem Osten zerfällt diese Welt in drei Teile: in Afrika, den Orient und den Okzident. Europa mußte immer mehr lernen, selbständig von der eigenen Substanz zu leben. Gallien wurde aufgeteilt. Die Städte, der Handel, das Gewerbe und die Kulturstätten verfielen. Das durch lateinische und ländliche Lebensweisen geprägte Gallien unterlag zwei Einflüssen: dem Einfluß der Germanen, die hier seßhaft wurden, und dem der Christen. Die Franken besetzten den Osten und den Norden, die Westgoten ließen sich in dem Gebiet von der Loire bis zu den Pyrenäen nieder, die Burgunder in den Alpen, im Jura und später im Rhônetal.

Attila und seine Hunnen, die auf ihren Plünderungszügen viel Zerstörung hinterlassen hatten, wurden 451 auf den Katalaunischen Feldern geschlagen.

Der Frankenkönig Chlodwig (466–511) beherrschte den Osten und Norden Galliens mit Unterstützung der Bischöfe, die in dieser Epoche die einzigen wirklich gewählten Oberhäupter der verwüsteten Städte waren. Er konnte sein Herrschaftsgebiet erheblich vergrößern. Verheiratet mit einer Christin und politisch klug, ließ er sich mit seinen Kriegern taufen und wurde der erste König der Franken. Das unter ihm wie nie zuvor geeinte Gallien wurde durch die Größe seines Gebietes und den Reichtum seines Bodens eines der mächtigsten Länder des Abendlandes.

In diesem geschichtlichen Zusammenhang entwickelten sich die Städte mit ihren Geistlichen, Bischöfen und Kaufleuten. Überall baute man Abteien. Ungewollt trugen sie zum Überleben der lateinischen Kultur in einer ländlichen Gesellschaft bei, die mehr oder weniger ungebildet blieb. Die religiösen Gemeinschaften brauchten eine Regel. Der um 480 in Umbrien geborene Benedikt, genannt von Nursia, sollte diesem Bedürfnis nachkommen.

Er lebte zunächst als Eremit bei Tivoli, gründete dann ein Dutzend kleiner Klöster und ließ sich schließlich um 529 auf dem Monte Cassino nieder. Dort verfaßte er seine Regel, die allerdings nicht die einzige in dieser Epoche blieb. Benedikt aber stützte sich auf die eigenen Erfahrungen, die er im Kloster gemacht hatte, auf die Weisungen der Kirchenväter und besonders auf die Heilige Schrift. Seine Regel wurde im Laufe des 6. und 7. Jahrhunderts nur zögernd angenommen. Papst Gregor der Große (540–604), der eine Vita des heiligen Benedikt schrieb, trug zu deren Verbreitung bei, denn die Vereinheitlichung der Klöster war ihm ein besonderes Anliegen.

Die Regel des heiligen Benedikt erreichte ihre volle Entfaltung im 8. Jahrhundert durch Benedikt von Aniane, der unermüdlich von Kloster zu Kloster reiste, um sie dort vor Ort zu propagieren.

Die Regel zwingt weder zu übermäßiger Strenge noch zu allzu harten Opfern. Voll kluger Einsicht zeichnet sie die Richtlinien für das klösterliche Leben. Die großen Kapitel befassen sich mit der Liturgie und der Organisation des täglichen Lebens unter der väterlichen Aufsicht des Abtes. Der Tagesablauf des Mönches ist aufgeteilt in Gebet, in manuelle und geistige Arbeit. Der Abt wird durch die Mönchsgemeinschaft auf Lebenszeit gewählt. Die großen Entscheidungen werden gemeinsam im Kapitel getroffen, der Generalversammlung der Mönche. Jedem Abt steht es frei, die Regel abzuwandeln, wenn er es für notwendig erachtet, vorausgesetzt, daß die Askese, der Gehorsam, das Gebet und die Arbeit innerhalb der geschlossenen klösterlichen Welt respektiert werden. Diese Richtlinien sind in der Regel Benedikts maßvoll und ausgeglichen. Die weise und für das klösterliche Leben realistische Organisation erlaubte es den Gemeinschaften, sich trotz der sie umgebenden Wirren der Zeit zu vergrößern und auszubreiten.

Im allgemeinen gründet sich ein Kloster auf die Landschenkung eines Bischofs oder eines Grundherrn. Durch solche Schenkungen hofften die Stifter, die Gunst des Himmels zu erlangen. Die Böden waren natürlich nicht die besten. Die klösterlichen Gemeinschaften mühten sich, deren Wert zu steigern. Da der Mönch die Umfriedung seines Klosters nicht ohne die ausdrückliche Erlaubnis seines Abtes verlassen durfte, mußte die Abtei alles enthalten, was sie zum Leben benötigte: zuallererst die Kirche, dann aber auch die Wohnungen und Gärten, Stallungen für die Tiere, Mühlen, Werkstätten, Krankenstuben und Herbergen. Letztere waren zunächst Holzschuppen, die man erst nach und nach durch Steinbauten ersetzte. Die Anlage entwickelte sich mit der Zeit um das *claustrum*, das auch der Liturgie diente. Der heilige Benedikt zwang keiner Abtei einen festgelegten Idealplan auf, doch erklärte er: »Ich werde euch sagen, an welchem Platz ihr das Oratorium bauen müßt, an welchem das Refektorium der Brüder, die Aufenthaltsräume für die Gäste und die anderen notwendigen Gebäude.« Die Legende weiß – ganz wie bei Ezechiel für die Maße des Tempels – von einem Traum zu berichten, in dem Benedikt sah, wo und wie er die Gebäude errichten sollte. Letztlich kann man jedoch nicht von präzisen Anweisungen sprechen.

Als Hauptgebäude gelten die Kirche, das Refektorium (der Speisesaal), die Küche und das Dormitorium (der Schlafsaal). Sie sind um einen Innenhof angelegt, der an das *atrium* einer römischen Villa erinnert. Dieser zentrale Hof entwickelte sich zum Mittelpunkt des gemeinschaftlichen Lebens. Mitunter war er von einem überdeckten *portikus* umgeben, durch den die Mönche geschützt von einem zum anderen Gebäude gelangen konnten.

Die Regel des heiligen Benedikt blieb jedoch nicht die einzige. Das Mönchtum fand nicht nur in Gallien, sondern gerade auch in Irland große Resonanz. Diese Gegenden, das darf man nicht vergessen, hatten niemals eine so starke Romanisierung wie Gallien oder andere Gebiete Europas erfahren. Gegen 590 verließ Columban (540–615), nachdem er in Schottland gepredigt hatte, seine Heimatinsel zusammen mit zwölf Mönchen und ließ sich in den Vogesen nieder. Dort baute er das Kloster Luxeuil, das seinerseits auf Fontenelle (oder Saint-Wandrille), Remiremont, Jumièges und viele andere Orte ausstrahlte. Die Regel Columbans ist wesentlich härter und anspruchsvoller als die Benedikts. Dieser große, schöne Mann, dessen Predigten die Massen faszinierten, war streng mit sich selbst und forderte Kasteiung und ständige Bekämpfung der Begierden. Das machte ihn in bestimmten Kreisen, wie dem am lateinisch geprägten Hof von Burgund, wenig beliebt. So mußte er mit einem seiner Mönche, dem heiligen Gallus, in die Schweiz fliehen. Dort gründete er das Kloster, das dessen Namen tragen und bald berühmt werden sollte. Von dieser Abtei besitzen wir einen Plan, wahrscheinlich den ersten eines Klosters überhaupt. Er gilt als Idealplan dieser Epoche. Aus vorhergehenden Zeiten ist wenig bekannt. Man weiß nur von einem Klostermodell, das unter Karl dem Großen entworfen worden war. Es besaß einen Kreuzgang von 300 Meter Länge.

Columban zog weiter und verkündigte das Evangelium unter den Langobarden, die vor Rom standen.

Das Gallien Chlodwigs wurde wiederum aufgeteilt, zunächst unter seine Söhne, dann unter deren Nachfahren. Die neuen Könige führten ununterbrochen Krieg gegeneinander, während der Adel und die Großen ihre Besitzungen und damit ihren Einfluß ständig ausweiten konnten. Einige von ihnen entwickelten sich nach und nach zu mächtigen Hausmeiern und herrschten weitgehend autark über ihre Länder. Die Klöster bildeten die neuen wirtschaftlichen und kulturellen Zentren, während die Bedeutung der Städte abnahm. Manche Historiker behaupten, daß in dieser Epoche ein Zwanzigstel der Bevölkerung Kleriker waren.

Mönche und Priester waren die einzigen, die schreiben konnten. Ihre Sprache blieb Latein; es war die einzige Verkehrssprache der Elite des Abendlandes. Die wenigen Gelehrten nördlich der Pyrenäen – der Islam kennt in dieser Zeit ungleich mehr »Schriftsteller« und Gelehrte – berichten übereinstimmend von Unheil, Elend und Trübsal. Durch sie weiß man, daß sich die Bevölkerungszahl ständig verringerte.
Im 8. Jahrhundert forderten periodisch auftretende Pestepidemien immer neue Opfer. Viele Menschen sahen in dem Frieden des Klosters eine Möglichkeit, dem Krieg und der Leibeigenschaft, die an die Stelle der Sklaverei getreten war, zu entkommen. Auch waren sie hier nicht so sehr den Krankheiten ausgesetzt, die in den Städten wüteten. Der »Erfolg« der Klöster war paradoxerweise der Anfang ihres Niedergangs. Die Herren wollten sie durch umfangreiche Stiftungen an sich binden. Manche Abteien wurden Lehensgüter und erwarben riesigen Grundbesitz, ihnen gehörten Gutshöfe, Dörfer und Land in verschiedenen Regionen. Durch die materielle Sorglosigkeit machte sich eine gewisse Nachlässigkeit breit.
Karl Martell (688–741) bediente sich weitgehend des Reichtums und der Güter der Abteien, um nach seinem Sieg von Poitiers über die Araber (752) seine Krieger besolden zu können.
Karl der Große, der sich der Kraft, die von dem Geist und der Disziplin der Christen und besonders der Klöster ausging, bewußt war, unterstützte mit Hilfe Benedikts von Aniane die Verbreitung der Benediktinerregel. Gleichzeitig mischte er sich aber auch in die Wahl der Äbte ein und entschädigte mit diesem Amt sowohl Weltgeistliche als auch oft Laien. Andererseits bestimmte er Äbte, die ihm besonders fähig schienen, Verwaltungsaufgaben außerhalb der Klöster zu übernehmen.
Nach dem Tod Karls des Großen (814) begannen unter der Regierung seines Sohnes Ludwig des Frommen (814–840) die Invasionen. Die Sarazenen kamen vom Mittelmeer und zogen die Rhône aufwärts. Einige dieser Eindringlinge brachten neue Architekturformen mit, wie zum Beispiel die Kenntnis griechischer Werke, die man bis dahin im Abendland nicht zu bewahren gewußt hatte und die in der Folgezeit dank der Kopisten der Klöster und auch der Geistlichen der Kanonikerstifte verbreitet wurden.
Die Normannen benutzten die Flüsse, um in das Land einzudringen. Die Macht zerfiel in eine Unzahl von Lehensgütern. Die Psychose des Jahres 1000 beherrschte die Geister. Die meisten Abteien verfielen, viele gingen für immer verloren.

Cluny und der Wiederbeginn

Diese Studie will die Rolle der Kirche und besonders der Klöster während eines langen Zeitraums aufzeigen. In diesem Zeitraum gab es nicht nur Barbarei und Kriege, sondern auch Intervalle des Friedens und des relativen Aufschwungs, die sich mit Zeiten der Armut und der Epidemien abwechselten.
In diesen Wirren zeigen sich immer wieder Ansätze zu einer Wiederbelebung. So machte sich Benedikt von Aniane daran, das benediktinische Gedankengut neu zu entzünden. 909 schenkte Wilhelm von Aquitanien seinen Grundbesitz von Cluny (bei Mâcon) zur Gründung eines Klosters mit zwölf Mönchen. Es sollte das größte Kloster der Christenheit wer-

den. Aus der Feudalherrschaft geboren, repräsentierte Cluny selbst eben diese Feudalherrschaft. Die Regel des heiligen Benedikt, die damals die anderen Regeln größtenteils verdrängt hatte, vor allem die des heiligen Columban, galt auch für diese Abtei. Die Benediktiner hatten erreicht, daß sie keinem Bischof, sondern direkt Rom unterstellt waren. Cluny verdankt seine Bedeutung der Persönlichkeit und Intelligenz seiner ersten Äbte. Zwischen 909 und 1109 gründete Cluny mehr als 1180 Klöster oder Priorate in ganz Frankreich. Alle Dörfer besaßen ihre Kirche und oft sogar ein Kloster. Abteien wie Saint-Riquier, Sankt Gallen und Cluny hatten mehr Einwohner als manch eine Stadt. Während dieser langen Epoche ist der Unglaube etwas absolut Undenkbares. Die Cluniazenser errichteten viele Niederlassungen entlang der Pilgerstraßen, in denen sie die Reisenden aufnahmen. Ausgangspunkt der Pilgerzüge waren Saint-Denis, Chartres, Saint-Martin in Tours (gegründet 472) oder auch Saint-Benoît-sur-Loire, wo die Reliquien des heiligen Benedikt aufbewahrt wurden. Es gab sogar einen Pilgerführer, der die Wege nach Santiago de Compostela beschrieb.
Der Einfluß Clunys war gewaltig und erstreckte sich auf alle Bereiche. Das Kloster entwikkelte sich zu einem künstlerischen und kulturellen Brennpunkt der romanischen Epoche. Nicht zuletzt war Cluny auch eine politische Kraft.
In den Anfangszeiten befolgten die Cluniazenser gewissenhaft die Regel des heiligen Benedikt, praktizierten Gastfreundschaft und Armenpflege, lebten in Demut und Entsagung und erzogen in diesem Geiste ihre Schüler. Indessen zeigten sich sehr bald die Folgen einer zu harten Askese, die sich nicht mit ihrem Tagewerk vereinbaren ließ, vor allem nicht mit der Liturgie, auf die sie immer mehr Sorgfalt und Zeit verwandten. Die Gottesdienste beanspruchten mindestens neun Stunden am Tage, von der *Matutin* mitten in der Nacht bis zur *Komplet,* die den Tag beschloß. Dazwischen lagen *Laudes, Prim, Terz* und *Sext* zu Mittag und *Non* und *Vesper.* Der liturgische Gesang kam aus dem Orient und wurde von den ersten Christen Roms übernommen. Er entwickelte sich zu einer feierlichen, dem lateinischen Satz- und Wortrhythmus angepaßten Psalmodie, zu einem Dialog zwischen dem Vorsänger und dem Chor. Bekannt wurde er unter der Bezeichnung Gregorianischer Gesang, denn es war Gregor der Große, der ihn kodifizieren ließ. Doch existierte der Wechselgesang schon lange vorher als wichtigste Disziplin der Kloster- und Bischofsschulen. Er ist die Quelle der abendländischen Musik. Der Klang dieses kontemplativen, musikalischen »Kommentars«, einer wahrhaft biblischen Meditation, stieg auf und entfaltete sich unter den steinernen Gewölben, die eigens für diesen Gesang gebaut zu sein schienen. Die Mönche von Cluny wurden mehr und mehr Chor- und Studienmönche und überließen die manuelle Arbeit ihren Dienern. Die vielen Bauernhöfe, die dem Kloster gehörten, belieferten Märkte und Messen und veräußerten dort ihre Überschüsse. Dazu kamen die vielen Schenkungen in Form von Land oder Geld.
Von der ersten Klosteranlage Clunys ist nichts erhalten geblieben. Gründliche Ausgrabungen sind durchgeführt worden. Danach endete die erste, wohl rechteckige Kirche im Osten mit einem quadratischen Turm. 960 wurde sie abgerissen, um einer zweiten, größeren Kirche Platz zu machen. Genau rekonstruierte Grundrisse dieser zweiten Kirche lassen den Klosterplan von Sankt Gallen als Inspirationsquelle erkennen. Die Kirche von Cluny diente dann ihrerseits wiederum vielen romanischen Kirchen als Vorbild.
 Die Abtei war so reich, daß sie mehrmals vergrößert wurde. So entstand nach und nach das,

was wir Cluny II und – als Folge erneuter Baumaßnahmen – Cluny III nennen. Die beeindruckende romanische Abtei mit ihrem unvollendeten Kreuzgang wurde also zerstört, um neuen Gebäuden Platz zu machen, die die Macht der Abtei symbolisierten. So entstand die größte Kirche der damaligen Christenheit. An ihrer Südseite wurde der neue Kreuzgang errichtet. Dieser bot Raum für gewaltige feierliche Prozessionen. Um seine vier Galerien herum waren die Klostergebäude angelegt. Im Osten lag der Kapitelsaal, darüber das Dormitorium mit 97 Fenstern, die Latrinen mit 45 Sitzen und 45 kleinen Fenstern. Am Südflügel folgte das Refektorium (90 Fuß lang, 25 Fuß breit, 23 Fuß hoch), am Westflügel der Keller und die Küche der Mönche. Der Krankensaal lag am zweiten Kreuzgang, das Noviziat an einem dritten. Etwas abgelegen gab es noch zahlreiche weitere Gebäude.
Die Disziplin, die alle Klöster dieses Ordens vereinte, ihre Organisation und ihr Reichtum spielten eine große Rolle in der monastischen Reformbewegung des 10. und 11. Jahrhunderts. Dank dieses Ordens kam es zu einer bedeutenden Entwicklung in der Skulptur und Glasmalerei und zu einer bisher nicht gekannten Verfeinerung der Bautechnik. Die Bibliothek erlangte Berühmtheit, das Skriptorium wurde mit Manuskriptbestellungen überschüttet. Doch leider blieb von Cluny, diesem großartigen Monument, das eine Epoche, ja ein ganzes Weltbild repräsentierte, fast nichts erhalten. Zwischen 1793 und 1823 wurde es nahezu völlig zerstört.

Das langsame Erstarken der französischen Macht

Wie zur Zeit der letzten Merowinger, so kam es auch gegen Ende des Karolingerreiches zu einer Zersplitterung der Macht in Frankreich. Das Land bildete wieder ein Mosaik aus weltlichen und geistlichen Herrschaftsbereichen, die verteidigt werden mußten. Städte, Klöster und Burgen wurden deshalb befestigt. Jahrzehntelang entstanden vor allem Burgen und Kirchbauten.
Allmählich schuf die Dynastie der Kapetinger mit Unterstützung der Kirche wieder Ordnung in dem königlichen Herrschaftsgebiet, das sich langsam vergrößerte. Im Jahre 987 triumphierte Hugo Capet über den letzten Karolinger. Zu derselben Zeit kann man einen Bevölkerungsanstieg verzeichnen. Die Pest und andere Epidemien hatten weniger katastrophale Folgen. Die Kriege zwischen den Lehnsherren glichen mehr sportlichen Auseinandersetzungen als richtigen Schlachten. Viele Menschen schlossen sich den Kreuzzügen an.

Die Chorherren- oder Kanonikerstifte

In den Städten scharten sich um die meisten Bischofssitze Gruppen von Chorherren und Geistlichen, die den Dienst an der Kathedrale und den übrigen Kirchen der Stadt versahen. Sie lebten in Stiften, wo die Kanoniker oder Chorherren meistens in ihren Zellen unterrichteten. Die Zellen lagen rings um einen Kreuzgang, der sich an die Kathedrale anlehnte. Einige dieser Kollegien näherten sich im 11. und 12. Jahrhundert, als die Zeichen des Verfalls, wie der Nikolaitismus (Verstoß gegen das Zölibat) oder die Simonie (Handel mit kirchlichen Ämtern) überhand genommen hatten, der Regel des heiligen Benedikt an und schlossen sich in Gemeinschaften zusammen. Eifersüchtig auf den Erfolg Clunys, wollten sie von der monastischen Reformbewegung nicht ausgeschlossen sein. Sie beschlossen, die Regel des heiligen Augustinus zu befolgen, wovon sich der Name Augustiner-Chorherren ableitet. Sie gründeten Kongregationen, die berühmt wurden, wie die von Saint-Victor oder die von Sainte-Geneviève, die zum Pantheon wurde und deren Bibliothek bekannt war. Andere Chorherrenstifte nahmen die Observanz der strengeren Regeln von Cîteaux zum Vorbild und kleideten sich wie die Zisterzienser in weiße Gewänder. Ihr erstes Haus gründeten diese Chorherren 1120 in Prémontré in der Aisne. Von dort aus entstanden Tausende Abteien und Priorate. Die Aufgabe der Prämonstratenser liegt vor allem im pastoralen Bereich. Heute besitzen sie in Frankreich nur noch zwei Abteien: Mondaye im Calvados und Saint-Michel de Frigolet in den Bouches-du-Rhône.

Der heilige Bernhard und das Ideal der Zisterzienser

In unmittelbarem Zusammenhang mit der Rückkehr zu den Quellen des Christentums und zu den mönchischen Idealen steht die große Bewegung, die in Cîteaux ihren Ausgang nahm. Abt Robert von Molesme gehörte dem Orden der Cluniazenser an. Als er sich des Luxus und des ungeheuren Reichtums dieses Ordens bewußt wurde, beschloß er, zur einfachen Regel des heiligen Benedikt zurückzukehren, und gründete 1098 mit einigen Gleichgesinnten das Kloster Cîteaux. Es sei hier allerdings angemerkt, daß die Mönche, auch wenn sie in einer Umgebung von Pracht und Reichtum lebten, wie sie sich in den Kultgeräten, den Bauten und bei Tische darbot, der Regel gemäß über kein persönliches Eigentum verfügten. Roberts Ziel war die Rückkehr zu körperlicher Arbeit, zum Gebet sowie zur Armut in äußerster Weltabgeschiedenheit.

Der eigentliche Initiator dieser Bewegung war dann aber erst Bernhard von Fontaine (1090–1153). Auf einer Burg als Edelmann geboren, stammte er aus einer einflußreichen Familie. Er besuchte eine Stiftsschule, beherrschte die lateinische Sprache und las klassische Texte. Nach dem Tod seiner Mutter führte er das Leben eines jungen Adligen seiner Zeit, er nahm an Turnieren teil, ging auf die Jagd und gab sich den Vergnügungen hin.

Als er 25 Jahre alt war, zog es ihn nach Cîteaux, an jenen Ort, der weitab von allen Versuchungen lag. 1112 trat er zusammen mit »rund dreißig gelehrten Klerikern von hoher Geburt, mächtigen Laien in ihrem Jahrhundert und vier seiner Brüder, alle voller Eifer« in das Noviziat der Abtei ein. Bernhard war eine äußerst facettenreiche Persönlichkeit. In einer Familie von Kriegern geboren, verwahrte er sich dagegen, als Baumeister zu gelten, im Gegensatz zu den Äbten von Cluny, die versuchten, die besten Bildhauer, Glasmaler, Schmiede und Baumeister zu vereinnahmen. Indessen gründete er zahlreiche neue Abteien. Bis zu seinem Tod entstanden 350 Zisterzienserklöster.

 Vor allem war der heilige Bernhard Asket. Mit seinem unermüdlichen Tatendrang und Eifer verband sich eine tiefe Sensibilität und Mystik. Er gilt als einer der ersten, die der Jungfrau Maria, der »Himmelskönigin«, eine besondere Verehrung entgegenbrachten. Er lebte auch fernerhin in der klösterlichen Gemeinschaft der Mönche, weil er überzeugt war: »Derjenige, der allein lebt, lebt im Unglück, denn wenn er fällt, ist niemand da, der ihn wieder aufhebt.« Sein ganzes Leben lang kämpfte er gegen die Mißstände in Cluny, gegen den Reichtum, der keine Tugenden hervorbringen kann, für das Gebot der Armut, für die körperliche Arbeit, die zu geistiger Arbeit und zum Gebet anregt, und für die Weltabgeschiedenheit, die Einsamkeit der Klöster. Er entschied sich für den Bruch mit der übrigen Welt, für das kontemplative Leben. Andererseits war er sein Leben lang ständig unterwegs, trug das Wort in unzählige Abteien, ging nach Rom, reiste auf den Straßen Frankreichs und predigte den Kreuzzug in Vézelay. Er faszinierte seine Zuhörer und spornte zum Nacheifern an, kämpfte gegen die hohen Würdenträger des Klerus, geriet sogar in Konflikt mit dem Papst, wandte sich gegen Abt Suger und die Prachtentfaltung in Saint-Denis, gegen Abaelard und dessen Philosophie. Unerläßlich predigte er voller Leidenschaft, trotz seiner durch das Fasten gefährdeten Gesundheit. Er schrieb in einem kraftvollen Stil und nahm so an dem intellektuellen Aufruhr seines Jahrhunderts teil.

Niemals gibt Bernhard genaue Bauanweisungen, doch der Geist, der ihn inspirierte, spiegelt sich überall in der Architektur der Zisterzienserklöster wider. Die Harmonie der Formen, der Raumverhältnisse, die jene anrühren soll, die im Kloster leben, ist die gleiche, die auch den Tagesablauf und die Tätigkeiten der Mönche bestimmt. Die Begriffe, die diese stets anonyme Architektur definieren, drücken Entsagung, Strenge, Maß, Ausgewogenheit, Würde, Entäußerung, Reinheit und Nüchternheit aus.

Die Wahl des Platzes für eine neue Gründung war immer an das Vorhandensein von Wasser gebunden, seien es Flüsse, Seen, Quellen oder Sümpfe.

Die Gebäude wurden so angelegt, daß sie einen ungestörten und geregelten Ablauf des monastischen Lebens garantierten. Die Bauten sollten Symbol der klösterlichen Existenz sein. Ihre Einfachheit offenbart die Suche nach dem göttlichen Licht.

1115 gründet Bernhard auf Befehl seines Abtes von Cîteaux mit zwölf Gefährten die Abtei Clairvaux. Sie wurde so erfolgreich, daß deren Noviziat im Jahre 1148 mehr als 100 Mitglieder zählt. In Clairvaux führt Bernhard eine ganz besondere Neuerung in den Orden ein. Er unterscheidet zwei Gruppen von Klosterinsassen: die Mönche und die Laienbrüder, die sogenannten Konversen. Die Mönche sind Priester, Männer des Geistes, sie widmen sich besonders der geistigen Arbeit und der Liturgie. Die Konversen sind Bauern oder Handwerker. Beide Gruppen bleiben in der Kirche räumlich voneinander getrennt, sie besitzen jeweils ihr eigenes Refektorium. Doch alle leben unter der väterlichen Autorität des Abtes, und auch die Mönche müssen manuell arbeiten.

Man fragt sich, was diese Menschen dazu brachte, Steine zu brechen und zu Quadern zu behauen, Zimmermannsarbeit zu verrichten, zu schmieden, zu roden, Sümpfe trockenzulegen, Dämme zu bauen, Felder zu bepflanzen und zu bewirtschaften, Brot zu backen, sich ihre Mönchskutten selbst zu nähen und die Werkzeuge selbst herzustellen. Sie taten es in der Erkenntnis, einer Gemeinschaft anzugehören, zu der jeder auf seine Weise und nach seinen Kräften seinen Teil zum Ganzen beiträgt, zum Lobe des Gottes, den sie nicht sehen, dessen Existenz in ihren Augen aber keinem Zweifel unterliegt.

Clairvaux brachte eine große Zahl von Tochterklöstern hervor, die alle in dem Geiste der Schriften Bernhards angelegt waren. Man findet deshalb in all diesen zisterziensischen Abteien eine große Einheitlichkeit. Trotzdem wirken sie nicht gleichförmig, denn jede Abtei hat ihr eigenes Gesicht, angepaßt an die Landschaft, in der sie steht, so wie es Georges Duby sagt: »Der Weg, die Erfüllung zu erlangen, ist nicht für alle der gleiche, obwohl alle Teil einer einzigen Ordnung sind.« Die Zisterzienserklöster waren Entwicklungsstätten bautechnischer Neuerungen, die sie untereinander austauschten. Ihre Werkstätten und Arbeitsmethoden wurden laufend verbessert, sie waren Musterbetriebe, Orte ständigen Forschens. Man baute Brücken, hob Kanäle aus, legte Straßen an. Diese Gemeinschaften, Symbole des Glaubens, waren vollkommen funktional ausgerichtet, jeder einzelne Bewohner hatte dort seinen Platz. Später wurde es immer schwieriger, Laienbrüder zu gewinnen, denn der Lebensstandard verbesserte sich auch in den ländlichen Regionen.
Während wir Ende des 12. Jahrhunderts 252 Zisterzienserabteien in voller Blüte zählen, sind es gegen Ende des 13. Jahrhunderts nur mehr 169. In der Zeit der Religionskriege wurde eine große Anzahl der Klöster zerstört. Auch trug die unheilvolle Gewohnheit, Laienäbte, sogenannte Kommendataräbte, einzusetzen und die Abteien so in Kommenden umzuwandeln, zum Niedergang des Ordens bei. Die durch die Gunst des Königs ernannten weltlichen Äbte beanspruchten einen bedeutenden Teil des Einkommens der Abtei. Viele Laien besaßen dieses Privileg und kamen nur ins Kloster, um ihre Pfründe einzuziehen oder um prachtvolle Jagden zu veranstalten.

Wir haben in dieser kurzen Studie versucht, die Bedeutung des Klosters von dem frühen Mittelalter bis zum 12. Jahrhundert aufzuzeigen, also bis zum Ende der romanischen Epoche. In jener Zeit lassen sich drei soziale Klassen unterscheiden: die Kleriker, die Adligen und die Leibeigenen. Oft fanden sie sich in den Mauern einer Abtei vereint.
Mit der Renaissance der Städte, des Handels und des Handwerks kommt alles in Bewegung. Die gotischen Kathedralen treten an die Stelle der Klöster, die Universitäten der Laien konkurrieren mit dem Unterricht, der bis dahin allein von den Priestern erteilt wurde. Eine Konfrontation bahnte sich an, und so schrieb Bernhard von Clairvaux: »Flüchtet aus dem Milieu Babylons (der Städte), flüchtet und rettet eure Seelen. Eilt alle zusammen zu den Orten der Zuflucht (den Klöstern), wo ihr gegenwärtig in der Gnade leben und zuversichtlich die Zukunft erwarten könnt.« Indessen kam es in den Städten zu jenem Aufschäumen von Ideen, das das goldene Zeitalter, als das sich das 13. Jahrhundert darstellen sollte, symbolisiert. In diesem Jahrhundert erfolgte die Trennung von Laien und Kirche, doch blieb das Profane noch lange Zeit an das Sakrale gebunden.

Der Kreuzgang und sein Raum

Wir haben versucht, die Entwicklung des Phänomens Mönchtum in den historischen Zusammenhang zu stellen. Bevor wir eine Übersicht über die romanischen Kreuzgänge in Frankreich geben, wollen wir diese Klausur in der Klausur, diesen bevorzugten Raum, dessen Geviert aus vier Galerien einen Garten umschließt, näher untersuchen.
Die Mehrzahl der Kreuzgänge ist durch Kriege zerstört worden, durch Kämpfe zwischen den Grundherren, durch die Revolution oder auch einfach durch Vernachlässigung und menschliche Gleichgültigkeit.
Die Klosterbauten wurden, nachdem die Gemeinschaften sie verlassen mußten, vielfach als Fabrikschuppen, als Lagerräume oder Werkstätten aller Art genutzt. Die Kreuzgänge dienten oft als leicht abbaubare Steinbrüche. Zwar bleiben in Frankreich viele bedeutende Kirchen und Kapellen erhalten, doch ist die Zahl der vollständig erhaltenen Kreuzgänge aus romanischer Zeit verhältnismäßig gering.
Für dieses Buch gibt es auch einen persönlichen Grund. Vor einigen Jahren entdeckten wir in der noch milden Junisonne den kleinen Kreuzgang des Klosters San Francesco in Fiesole in der Toskana. Vielleicht entschied es sich dort, daß wir mehr wissen wollten über die Menschen, die diesen anziehenden Raum, diesen Eindruck von heiterer Ruhe zu schaffen vermochten, der zugleich auch zur Besinnung einlädt und in der Harmonie der Architektur mit der umgebenden Landschaft zur unerreichbaren Begegnung aufruft.

Der Ursprung der Kreuzgänge

Die ersten Kreuzgänge wurden in römischen Patrizierhäusern eingerichtet, die alle – unabhängig von ihrer Größe und Bedeutung – nach dem gleichen Grundriß einen der Öffentlichkeit vorbehaltenen Teil besaßen, wo sich die Räume rings um das *atrium* verteilten, während die privaten Wohnräume sich um das *peristyl* gruppierten. Vitruv beschreibt auch das *impluvium,* in dessen Mitte sich das Wasser von den Dächern sammelte. Das ist eine praktische Einrichtung in Ländern, in denen man sich überwiegend im Freien aufhält und wo man beim Umhergehen keinen Schutz benötigte.
Was bedeutet nun aber ein Kreuzgang in einem Land wie Gallien zu jener Zeit, als er auch hier übernommen wurde? Um diese Frage zu beantworten, kann man von der französischen Bezeichnung »cloître« ausgehen: *claustrum* kommt von *claudere* = schließen. Damit ist der geschlossene Raum gemeint, in dem die Mönche leben, der ihnen ausschließlich vorbehalten ist und den sie nur mit ausdrücklicher Genehmigung des Abtes verlassen dürfen. Erst später bezeichnet das Wort den quadratischen, von Galerien umgebenen Innenhof, der die für die Gemeinschaft wesentlichen Räume miteinander verbindet: die Kirche, den Kapitelsaal, das Refektorium, die Küchen und Keller. Von dort aus gelangt man auch ins höher gelegene Dormitorium, in das Skriptorium, die Schreibstube des Klosters, und in die Bibliothek.

Von den ersten Klöstern Galliens blieb praktisch kein Beispiel erhalten. Auch gibt es nur sehr wenige Texte, die darüber berichten. Man weiß, daß die Klostergebäude zunächst einfache Holzhütten waren, die nach und nach durch Steinbauten ersetzt wurden. Benedikt von Aniane sah sich durch den Zulauf von Schülern gezwungen, seine Einsiedelei zu vergrößern. Er errichtete »Portiken, bestehend aus einer großen Anzahl von Säulen (wahrscheinlich wiederverwendete römische Säulen), und benutzte Dachziegel und kein Stroh, um sie zu decken«. Mit Sicherheit trugen die ersten Kreuzgänge alle ein Gebälk, später wurden sie vielfach eingewölbt, so daß man häufig über romanischen Bögen Kreuzgratgewölbe sieht. Die vier Galerien des Kreuzgangs von Saint-Trophime in Arles wurden beispielsweise erst nach der Fertigstellung aller Seiten im 14. Jahrhundert eingewölbt.
Eine Beschreibung von Jumièges aus dem Jahre 750, also fast ein Jahrhundert nach der Gründung, berichtet uns: »Arkaden begleiten die verzierten Steingebäude, umgeben von Brunnen.« Ein Bach, so scheint es, floß daran vorbei.
Jedenfalls besaßen schon die karolingischen Klöster Kreuzgänge, einige wenige in Dreieckform (Centula – Saint-Riquier), wahrscheinlich als Hinweis auf die Dreifaltigkeit, doch das waren Ausnahmen. Die übliche Form blieb die quadratische oder rechteckige. Wenn es die Beschaffenheit des Geländes erforderte, wurde sie mitunter zu einer Trapezform abgewandelt (Saint-Martin-du-Canigou oder Le Thoronet).
Es gibt eine Beschreibung des Klosters Fontenelle (Saint-Wandrille), das gegen 820 umgestaltet wurde. Diese erwähnt den *portikus* als Verbindung zwischen Kirche, Refektorium, Wärmestube, Dormitorium und *major domus* (wahrscheinlich das Zimmer des Abtes). Dies scheint die ursprüngliche Funktion der überdachten Galerien gewesen zu sein. Der Plan von Sankt Gallen zeigt, daß sich die wichtigsten Räume der Klosteranlage um diese vier Galerien gruppierten. Zugleich dienten die Galerien als Wandelgänge, als Ort der Meditation, der Lektüre und der Bewegung. Jeder Flügel hatte eine ihm eigene Funktion. Man darf nicht vergessen, daß im Mittelalter viele Tätigkeiten im Freien verrichtet wurden, da die Innenräume schlecht beleuchtet und ungeheizt waren. Die Lage des Kreuzganges hing unter anderem von den Gegebenheiten des Ortes ab. Der Kreuzgang lag gewöhnlich an der Nord- oder Südflanke der Kirche, je nachdem, welche Seite mehr Schutz bot.

Die Errichtung der Kreuzgänge

Man weiß nur wenig über die klösterlichen Werkstätten des frühen Mittelalters, über ihre Organisation und die genaue Rolle der verschiedenen Handwerkergruppen. Die Mönche und Laienbrüder entwarfen und planten nicht nur, sie führten ihre Bauten auch selbst aus. Man weiß, daß der heilige Bernhard besonders befähigte Baumeister und Steinmetzen mit ihren Bauhütten nach Deutschland, England oder Flandern schickte. Diese Leute nahmen auf ihren Reisen sehend und lesend neue Erkenntnisse auf und tauschten ihr Wissen aus. Die Meister und ihre arbeitenden Brüder kannten Geheimnisse und Konstruktionsformeln, einfache geometrische Schemata bekannter und erprobter Proportionen. Man erstellte im allgemeinen keinen Grundriß, sondern zeichnete, wenn überhaupt, direkt in den Sand, auf eine

Planke oder auf einen Stein, wie es das Schema eines geraden Chorhauptes zeigt, das in Reutlingen / Württemberg an einer Wand der Sakristei entdeckt wurde.

Die Kraft der Formen und Zahlen

Grundlage allen Suchens nach einer idealen Baukunst sind die einfachen Formen: der Kreis, das Quadrat, das Rechteck, das gleichseitige Dreieck und die Proportionen, die sich daraus ableiten.

Sénanque bietet ein Beispiel für das Bemühen um den Goldenen Schnitt, den man in der Architektur so häufig antrifft. Auch beim Bau der Kreuzgänge wurde die »göttliche Proportion« systematisch angewandt. So entdeckt man, daß die Höhe von der Brüstungsmauer bis zum Abschluß der Kapitelle mit 1,74 Metern der Größe eines für mittelalterliche Verhältnisse großen Menschen entspricht, der, wenn er die Hand hebt, den Scheitel des kleinen Bogens berührt: 2,16 Meter, das sind 6 Fuß zu je 36 Zentimetern. Man erkennt, wie sehr sich der Maßstab nach den menschlichen Proportionen richtete. Deshalb vermittelt diese Architektur einen solchen Eindruck von Ausgewogenheit.

Die Formen sollen das geistliche Ideal repräsentieren, das dem Bau zugrunde liegt. Dabei nimmt die Symbolik einen großen Raum ein. Alles wird zum Zeichen und Hinweis.

Der Kreuzgang entstand nach der Errichtung der Kirche und der für das Gemeinschaftsleben unerläßlichen Mönchsbauten. Er ist das Zentrum, das Herz des Klosters und im allgemeinen sorgfältiger ausgeführt und reicher dekoriert als die übrigen Gebäude. Die Techniken und die erprobten Arbeitsverfahren fanden hier ihren krönenden Abschluß, denn oft liegen viele Jahre zwischen der Grundsteinlegung und der Fertigstellung eines Klosters. Der Kreuzgang stellt in seiner Vollendung das dar, was der himmlischen Stadt, dem Paradies entspricht. Er ist jener Ort des Klosters, wo sich jeder einzelne auf seinem persönlichen Weg und in der Erkenntnis seiner selbst dem Göttlichen nähert, das sich ihm in diesem Stück Himmel zu offenbaren scheint, das der Kreuzgang in seiner geometrischen Anlage zwischen den vier Himmelsrichtungen freigibt. Hier folgt man dem Rhythmus der vier Jahreszeiten beim Meditieren über die Schriften der vier Evangelisten, deren Symbole häufig die vier Ecken des Kreuzgangs schmücken, und lebt in dem Bemühen und in der Hoffnung, die vier Kardinaltugenden und die vier biblischen Tugenden zu erlangen. Die vier Evangelistensymbole (der Engel des Matthäus, der Löwe des Markus, der Stier des Lukas, der Adler des Johannes) sind zum Beispiel in Arles und Vaison wiederzufinden.

Die Bögen, die den Hof einfassen, sind, wie in Sénanque oder Saint-Paul-de-Mausole, in sich noch einmal durch drei kleine Bögen unterteilt. Darin kann man einen symbolischen Hinweis auf die Dreifaltigkeit oder den dreieinigen Gott erkennen. Die Zahl Drei steht auch für »Glaube«, »Liebe«, »Hoffnung« oder bezieht sich auf Christus, der auf seinem Kreuzweg nach Golgotha dreimal zusammenbrach. Dreimal wurde Christus in der Wüste versucht, dreimal ist er von Petrus verraten worden, und am dritten Tage ist er auferstanden.

Die Zahl Zwölf begegnet uns in dem Dutzend Joche, die auf die zwölf Apostel, die zwölf Stämme Israels oder die zwölf Monate des Jahres anspielen.

Der Brunnen und die Bedeutung des Wassers

In jedem Kreuzgang befindet sich ein Brunnen. Er wird durch ein Kanalisationssystem gespeist, das das Wasser von einem nahen Fluß oder einer nahen Quelle herbeiführt, oder er schöpft es direkt aus dem Grund. Der Brunnen lieferte das für das Klosterleben notwendige Wasser, hier reinigten sich die Mönche vor den Mahlzeiten. Das Wasser gilt als Symbol der Reinheit, wie das Wasser der Taufe. Man denkt an den Brunnen Jakobs, den Brunnen der Genesis, an die Quelle des Lebens. Das Wasser ergießt sich in ein mehr oder weniger schmuckvolles Becken, wie die Gnade, die herabfließt und die durstigen Seelen labt. Solche Schalenbrunnen stehen oft in eigens dafür errichteten Brunnenhäusern.
Das Wasser zählt zu den vier Elementen. Wie die Erde des Gartens und die Luft des zugleich offenen und geschlossenen Raums, so ist auch das Wasser im Kreuzgang stets gegenwärtig. Und schließlich ist das Feuer mit dem Licht und mit der Erleuchtung durch den Heiligen Geist gleichzusetzen.
Wenn in der Nähe der Abtei weder Quellen noch Wasserläufe vorhanden waren, deren Wasser in das Brunnenhaus geleitet werden konnte, schuf man – wie in Vausse oder Ganagobie – ein weitverzweigtes Kanalnetz, das schließlich die Zisterne des Klosters speiste.

Die Funktion des Kreuzgangs

Wenn uns Laien, die wir aus einer profanen Welt kommen, dieser ideale und solch große Ruhe ausstrahlende Ort mit seinem gepflegten Garten und dem leisen Plätschern des Brunnens zum Träumen anregt, so sollten wir uns bewußt machen, daß der Kreuzgang für die Mönche eine ganz andere und viel tiefere Bedeutung hatte. Hier ist die Form, mehr als irgendwo sonst, Ausdruck der Funktion.
Der Kreuzgang ist für das Gehen, das Wandeln bestimmt. Im Fortschreiten hat man durch den sich fortlaufend verändernden Rahmen hindurch unterschiedliche Ausblicke auf den Baum, den Himmel, den Glockenturm. Sie entsprechen den unterschiedlichen Etappen, die es auf dem Weg der Erkenntnis zu durchlaufen gilt, einem Weg, der im Rhythmus von Licht- und Schattenzonen und mit Unterbrechungen zu der inneren Einsicht fortschreitet und vielleicht eines Tages zur Erkenntnis des Göttlichen führt. Unter den Gewölben geschützt und dennoch durch den Blick hinaus mit der Erde und der Natur verbunden, hat jeder einzelne hier Raum und Zeit, seinen Weg zu finden. Langsame Schritte verhallen in der Stille, halten ein, bis sie erneut ihren Gang auf dem endlosen Fliesenboden aufnehmen. Wie das Licht, das durch die Bögen fällt und den Schatten durchdringt, nehmen die Gedanken den Weg durch das Dunkel, das durchquert werden muß, um dann plötzlich wieder dem Licht zu begegnen und mit Klarheit erfüllt zu werden.
Der *genius loci* ist ein anderer als der in der Kirche, wo der gemeinsame Lobgesang zu den Gewölben aufsteigt. Hier erreicht die Stille im Einklang mit der Meditation und der privaten Lektüre der Mönche eine ganz besondere Nachhaltigkeit. Der Kreuzgang spiegelt das wider, was spirituelles Leben sein soll. Der ausschweifenden Phantasie wird durch seine Pro-

portionen und seine strenge Form Einhalt geboten. Seine Stille inspiriert und sensibilisiert, macht bereit zu einer Begegnung mit dem Überirdischen. Die Galerien, die den nicht endenden Rundgang ermöglichen, werden zu einem »Parcours zur Unendlichkeit«, zu einem persönlichen Abenteuer, das zu einem bewußten Dasein in der Gegenwart führt und das in jenem wachsamen Geist, der von diesem Ort ausgeht und sich bis hinein in die maßvollen Gesten und das geregelte Verhalten auswirkt.
Während die Zisterzienser direkt vom Schlafsaal in die Kirche hinabstiegen, mußten die Benediktiner zuvor immer den Kreuzgang durchqueren. Sie bestanden auf der engen Verbindung dieser beiden Räume. Der Kreuzgang diente ihnen zur Vorbereitung, ehe sie in das Heiligtum eintraten, um gemeinsam den Herrn zu loben.

Das Spiel des Lichts

Der Blick schweift abwechselnd in den lichten, weiten Raum des Innenhofes und in das mysteriöse Dunkel der Galerie. Die Schlagschatten begleiten den geheimnisvollen Weg der Reflexion. Hinter der vollkommenen Harmonie der Massen und Linien steht eine Art Perfektion des Denkens, die sich dem Körper und dem Geist aufzwingt und sich unmittelbar aus den architektonischen Formen ablesen läßt.
Dieser perfekte Einklang der Massen, der Farben und Materialien verbindet sich mit einem Geist der Reinheit. Man fühlt hier eine Gegenwart, die einlädt und Geborgenheit gibt, gleichzeitig aber auch den Geist schärft, zur Besinnung aufruft und in ihrer Schlichtheit innere Ausgeglichenheit und Freude schenkt, die von der Gewißheit kommt.

Die Vielfalt der Kreuzgänge

Was bedeuten uns heute die skulptierten Säulen oder die bloßen, aber sorgfältig und präzise zugerichteten Steine, uns, die wir nur als Besucher in den umschlossenen Garten eintreten und nicht – wie der Mönch nach getaner Arbeit auf dem Felde, in der Schmiede, der Mühle oder in der Bibliothek – den Kreuzgang durchqueren, um in das Heiligtum oder in das Refektorium zu gelangen?
Mit Wort und Bild wollen wir versuchen, in die Stille und Harmonie dieses Raumes einzudringen. Die Atmosphäre des Klosters und besonders des Kreuzgangs, dieses Ensembles, dem sich alle Bestandteile einfügen und unterordnen, läßt sich nur schwer in Beschreibungen einfangen. Doch soll es unser Ziel sein, dem heutigen Besucher zu zeigen, daß die Mauern und Steine weiterleben, atmen, im Licht erzittern und einen warmen Schein und Zauber ausstrahlen.
In jener Epoche, in der diese Häuser entstanden, war man sich des Begriffs »Architektur« noch nicht bewußt. Man baute ganz einfach diese Orte, damit sich das tägliche Leben in vollkommener Ausgewogenheit von Gebet, Arbeit und Ruhe abspielen konnte. Deshalb un-

terscheidet sich das an bestimmte Existenzformen angepaßte Benediktinerkloster von dem Chorherrenstift, so wie der Kreuzgang einer Kathedrale meist anders aussieht als der eines Zisterzienserklosters.

J. Conant, der Wiederentdecker Clunys, bezeichnet den ersten Kreuzgang dieses Klosters als ein marmornes Wunderwerk. Der Marmor war mit großem Kostenaufwand herbeigeschafft und von Marmorsteinmetzen des Roussillon und der Provence skulptiert worden. Cluny besaß drei Kreuzgänge, von denen leider nichts erhalten geblieben ist. Doch kann man sicher sein, daß sie den Geist Clunys repräsentierten.

Die Kreuzgänge im Süden Frankreichs, die in der Nähe von Marmorsteinbrüchen lagen, wurden von Bauhütten oder Bildhauern geschaffen, deren Handschrift vielfach wiedererkennbar ist. Die Kreuzgänge sollten ein Lobpreis sein, zugleich aber auch ein aufgeschlagenes, leicht lesbares Buch für all diejenigen – und das waren in dieser Epoche die meisten Menschen –, die nur durch das Bild und das gesprochene Wort belehrt werden konnten. In Elne und an der Kathedrale Saint-Trophime in Arles findet man solche Kreuzgänge, die der Öffentlichkeit und den Schülern zugänglich waren.

Der Kreuzgang von Arles entstand zwischen dem 12. und dem 14. Jahrhundert (die Nordgalerie ist wahrscheinlich 1180 begonnen worden). Wie in dieser Epoche üblich, sind die heiligen Patrone der Kathedrale dargestellt. Auf dem Nordwestpfeiler sieht man den heiligen Trophimus, umgeben von Johannes dem Evangelisten und Petrus. Daneben findet man in den drei Marien am Grabe das Thema der Auferstehung dargestellt. In der Nordgalerie ist dieses Thema nochmals in einem Kapitell aufgegriffen, das die Lazarusgeschichte zeigt. Der heilige Stephanus, ein weiterer Patron der Kathedrale, wird am Nordpfeiler von den Heiligen Paulus und Andreas flankiert. Er vertritt das Thema Himmelfahrt. Die Skulpturen in der romanischen Nord- und Ostgalerie beziehen sich auf das Alte Testament. Sie lassen sich leicht deuten und sind wie ein aufgeschlagenes Buch, das der Kunst die Möglichkeit gibt, sich zu entfalten und eine didaktische Rolle zu spielen.

Außerdem ist bemerkenswert, daß die dekorativen Elemente, das Laub- und Rankenwerk, zum Innenhof ausgerichtet sind, während man die figürlichen, die sogenannten erzählenden Kapitelle auf den Gangseiten findet. Die Darstellungen schildern das Leben Christi von der Kindheit bis zur Passion.

Die Kreuzgänge der Benediktinerabteien, die den Laien verschlossen blieben, waren sehr oft aufwendig ausgeschmückt. Wollten auch sie belehren und steinerne Bibeln sein, die die Aufmerksamkeit auf sich ziehen und den Blick gefangennehmen? Moissac gilt als typisches Beispiel für einen »erzählenden« Kreuzgang. Seine Ausgestaltung zeichnet sich durch eine Verfeinerung aus, wie sie den Bauten der Cluniazenser und ihrem Geltungsbewußtsein eigen ist. Unter den »erzählenden« Kreuzgängen ist Moissac sicherlich einer der ältesten. Wie eine Inschrift auf dem Mittelpfeiler der Westgalerie mitteilt, war der Kreuzgang bereits 1100 vollendet. Das heißt aber nicht, daß vorhergehende Bauten nicht auch schon ausgeschmückt waren. Die karolingische Zeit hatte bekanntlich eine Vorliebe für Wandmalerei und für einen Dekor, der phantastische Tiere von Stoffen orientalischer Herkunft imitierte. Diese Stoffe hingen sowohl in Sakral- als auch in Wohnräumen.

Ganz anders sieht es in jenen Kreuzgängen aus, die allein der Meditation vorbehalten sind und weitab von den Städten und dem Lärm der Welt gebaut wurden. Das gilt besonders für

die Zisterzienserklöster, aber auch für streng monastische Gemeinschaften wie die in Saint-Martin-du-Canigou, wo der untere Kreuzgang ursprünglich keinerlei Skulpturen kannte und nicht einmal aus zugerichtetem Haustein, sondern aus mit dem Hammer zerkleinerten Bruchsteinen bestand, wie die noch erhaltenen massiven Pfeiler erkennen lassen.
Die Klöster dienten oft als Halte- und Rastplätze entlang der Pilgerwege. Mit dem Aufbruch zu einer Pilgerfahrt begann ein Irrweg durch die Welt, wie er in dem Bild des Labyrinths symbolisiert ist. Die Pilgerfahrt bedeutete zugleich das Wiederfinden zu sich selbst, zur eigenen Persönlichkeit, die nach der Überwindung von Sünde und Versuchung das Ziel erreicht. Das Labyrinth, der lange Irrweg der Seele zu Gott, ist zum Beispiel im Kreuzgang von Mausole dargestellt.
Die Reisenden, die im Kloster Aufnahme fanden, konnten in die Kirche eintreten, um zu beten; der Kreuzgang, die den Mönchen vorbehaltene Klausur, blieb ihnen jedoch verschlossen. Dieses geschützte Geviert symbolisierte die Erde, über der sich die Kuppel des Himmelszeltes wölbt. Zwar ist es noch ein irdischer Raum, doch leben diejenigen, die hier Zugang haben, in der ständigen Erwartung des Himmlischen. Erfüllt von der göttlichen Gegenwart, ist er ein Vorhof des Paradieses. So wurde der Kreuzgang denn auch als ein Ort verstanden, der die irdische Welt mit dem Himmlischen Jerusalem verbindet. Über die Mauern hinweg kann nichts mehr den Geist stören. Die Klarheit und das Ebenmaß der Rauminhalte, die sich fest im Boden gründen, die Reinheit und Präzision des Mauerwerks, in dem sich die Spuren des Werkzeugs auf den Steinen ablesen lassen, werden zu Zeichen für denjenigen, der sich vom materiellen Leben losgesagt hat, um mit anderen seinen Glauben in einer allumfassenden Liebe zu teilen.
Möge es uns gelungen sein zu zeigen, daß romanische Abteien und ihre Kreuzgänge lebendige Zeugen einer spirituellen Erfahrung sind, die wir nahezubringen versuchten. Sie sind die reinsten Gebäude der christlichen Welt, ein Spiegelbild moralischer Vollkommenheit, die jene, die darin lebten, erlangen wollten.
Die Klöster waren dazu geschaffen, nach einer bestimmten Regel bewohnt zu werden. Sie paßten sich den Bedürfnissen dieses Lebens vollkommen an, wie auch den Bedingungen der verschiedenen Regionen, in denen sie entstanden. Doch ist ihnen allen der Einklang von Andacht, Arbeit und Ruhe gemeinsam.
Als Bilder einer vollkommenen Stadt auf Erden, in der sich das Leben harmonisch und einfach abspielt, sind die Klöster die Überleitung von der Stadt der Antike zu der Stadt, die das Zeitalter der Kathedralen, jener höchst städtischen Bauwerke, hervorbringen sollte.
Diese Erfahrung ist nicht abgeschlossen, sie dauert seit Jahrhunderten an und setzt sich häufig in anderer Form fort, doch bleiben die Kreuzgänge, diese wunderbar beruhigenden Orte, die niemanden gleichgültig lassen.

ROMANISCHE KREUZGÄNGE IN FRANKREICH

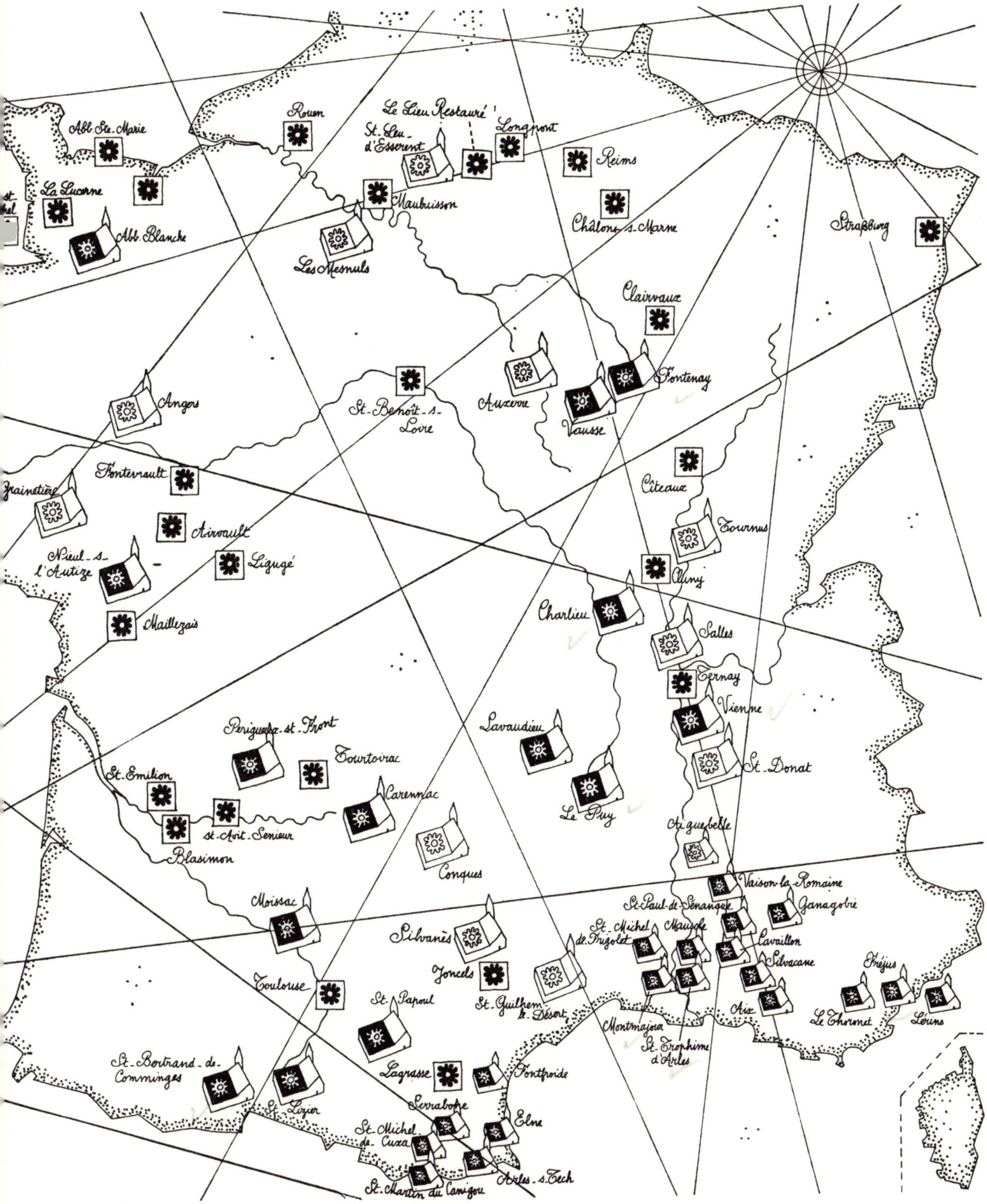

Rouen
Le Lieu Restauré
St. Leu d'Esserent
Longpont
Abb. Ste. Marie
Reims
La Lucorne
Maubuisson
Abb. Blanche
Châlons s. Marne
Straßburg
Les Mesnuls
Clairvaux
Fontenay
Angers
St. Benoît s. Loire
Auxerre
Vausse
Fontevrault
Citeaux
Airvault
Tournus
Nieul s. l'Autize
Ligugé
Cluny
Maillezais
Charlieu
Salles
Ternay
Vienne
Lavaudieu
Tourtoirac
St. Emilion
St. Donat
Carennac
Le Puy
St. Avit Senieur
Aiguebelle
Blasimon
Conques
Vaison la Romaine
Moissac
St. Paul de Senanque
Ganagobie
St. Michel de Frigolet
Mausole
Cavaillon
Silvanès
Silvacane
Fréjus
Joncels
Toulouse
St. Papoul
St. Guilhem le Désert
Aix
Le Thoronet
Lérins
Montmajour
St. Trophime d'Arles
St. Bertrand de Comminges
Lagrasse
Fontfroide
St. Lizier
Serrabone
Elne
St. Michel de Cuxa
Arles s. Tech
St. Martin du Canigou

Lageplan der Regionen mit romanischen Kreuzgängen

1 *Champagne, Burgund, Auvergne*
2 *Rhône, Provence, Côte d'Azur*
3 *Languedoc, Roussillon, Midi, Pyrenäen*
4 *Mitte und Südwesten, Loirelandschaft*
5 *Bretagne, Normandie*
6 *Nordosten und Pariser Becken*

Die Auswahl dieser sechs Gebiete mag willkürlich erscheinen. Sie ergibt sich aus der Konzentration erhaltener Kreuzgänge in bestimmten Gegenden.
Am Schluß des Buches findet der Leser neben einem alphabetischen Index eine Aufstellung der wichtigsten Kreuzgänge unter Berücksichtigung ihres Erhaltungszustandes. Dabei sind zwei Arten von Kreuzgängen unterschieden:
- die Kreuzgänge der Kathedralen und Chorherrenstifte, die auch den Laien zugänglich waren und im allgemeinen reicher ausgeschmückt sind als die Kreuzgänge der Klöster;
- die Kreuzgänge der Abteien.

Auf diese Weise soll dem Leser – ob er nun an einer bestimmten Region interessiert ist oder einem anderen Kriterium nachgeht – die Möglichkeit gegeben sein, leicht zu finden, was er sucht.
Im Sinne dieses Überblicks können die folgenden Seiten nicht mehr sein als ein Verzeichnis der romanischen Kreuzgänge in Frankreich. Wer darüber hinaus detaillierte Studien über diese Kreuzgänge sucht, findet sie in den verschiedenen Bänden der Sammlung Zodiaque-Echter.

Champagne, Burgund und Auvergne

Champagne

In der immer wieder durch Kriege verwüsteten Champagne haben sich leider so gut wie keine Klosterbauten aus romanischer Zeit erhalten. Von der alten Abtei Saint-Remi in REIMS (Marne 51; Michelin-Karte 56) existiert allerdings noch im heutigen Museum Saint-Remi ein Kapitelsaal aus dem 13. Jahrhundert, der an den zu Beginn des 18. Jahrhunderts neu errichteten Kreuzgang grenzt. Im Zuge von Restaurierungsarbeiten hat man in der Tat eine Reihe von Bögen aus dem 12. Jahrhundert und herrliche Kapitelle des einstigen Kreuzgangs wiederentdeckt. Sie waren sieben Jahrhunderte lang eingemauert und befinden sich deshalb in einem ausgezeichneten Erhaltungszustand. Man sollte sich diese herrlichen Zeugen romanischer Bildhauerkunst unbedingt ansehen (Bild 1).
Von Reims aus erreicht man auf der N 44 (= Route Nationale) CHÂLONS-SUR-MARNE (Marne 51; Michelin-Karte 56, Spalte 17/18). Die ehemalige Kollegiatskirche Notre-Dame-en-Vaux besaß einen Kreuzgang vom Ende des 12. Jahrhunderts. 1766 wurde er abgerissen. Im Zuge von Ausgrabungen legte man bedeutende Reste dieses Kreuzgangs frei, die heute im Museum nahe der Kirche ausgestellt sind und eine wunderbare Sammlung von Säulenstatuen bilden. Sie zeigen Propheten, Heilige und Gestalten des Alten Testaments (Bild 2 und 3). Die Kapitelle, die mit Sicherheit von verschiedenen Künstlern geschaffen worden sind, bieten eine reiche Vielfalt von Motiven.
Obwohl fast nichts erhalten blieb, wollen wir hier auch an die Bedeutung von Clairvaux erinnern, das so innig mit Cîteaux, dem Mutterkloster der Zisterzienser, verbunden war und zusammen mit Cluny eine Bastion der Christenheit bildete.

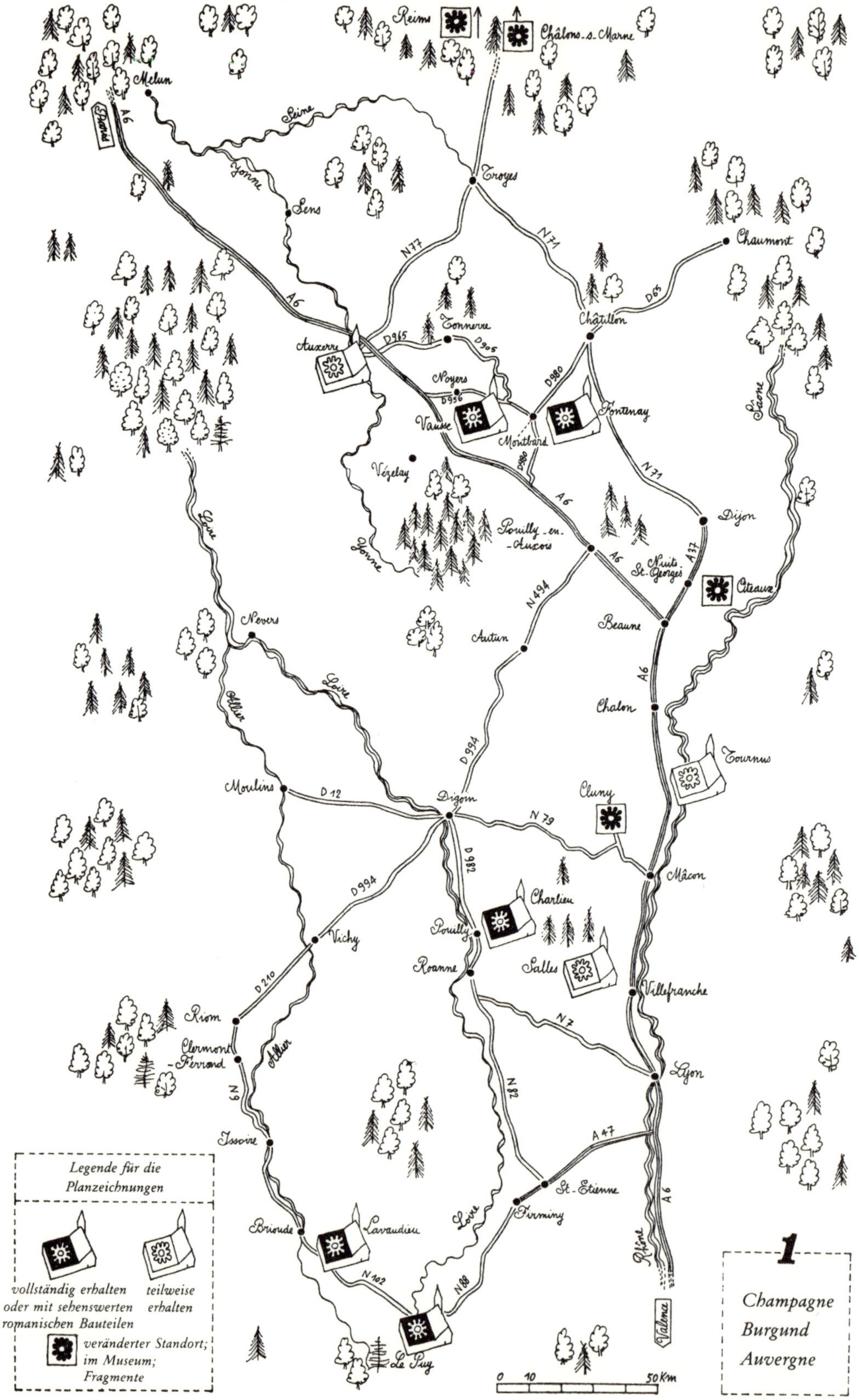

Reims
Châlons-s-Marne
Melun
Paris
A6
Seine
Yonne
Sens
Troyes
N77
N71
Chaumont
Châtillon
Tonnerre
D965
D905
Auxerre
Noyers
D956
Vausse
Montbard
D980
Fontenay
Vézelay
Pouilly-en-Auxois
Dijon
A37
Nuits-St-Georges
Cîteaux
Saône
Beaune
N494
Autun
Nevers
Loire
Allier
Chalon
Tournus
D994
Moulins
D12
Digoin
N79
Cluny
Mâcon
D982
Charlieu
Pouilly
Vichy
Roanne
Salles
Villefranche
D210
Riom
N7
Clermont-Ferrand
Lyon
N9
N82
Issoire
A47
St-Etienne
Firminy
Brioude
Lavaudieu
N102
N88
Le Puy
Rhône
Valence
Legende für die Planzeichnungen
vollständig erhalten oder mit sehenswerten romanischen Bauteilen
teilweise erhalten
veränderter Standort; im Museum; Fragmente
0 10 50 Km
1
Champagne
Burgund
Auvergne

Das Christentum gelangte im 4. Jahrhundert nach Burgund. Im 5. Jahrhundert ließen sich die Burgunder in der Saône-Ebene nieder. Nach dem Tod Karls des Großen übernahm Karl der Kahle den Westteil der Saône und Lothar den Ostteil. Burgund wurde als Schnittpunkt von großen Straßen, an dem sich alle Künste entwickelten, von Einflüssen aller Art geprägt.
Der Reichtum an unterschiedlichem Gestein – grauer und rosa Granit kam aus dem Beaujolais, makelloser, weißer Kalkstein aus Nieder-Burgund, Gestein zum Polieren aus dem Châtillonnais – erlaubten interessante Entdeckungen und neue Bauverfahren. Gewölbe traten an die Stelle von Gebälk. Die Tonne und später die Spitztonne wurden hier früher als in anderen französischen Gebieten geschaffen. Man kennt sogar – was in dieser Epoche relativ selten vorkommt – einige Namen von Baumeistern. Der Mönch Guillaume de Volpiano ist einer von ihnen. Er arbeitete in Dijon, Tournus und Cluny.
Der Rundweg durch Burgund sollte mit AUXERRE beginnen (Yonne 89; Michelin-Karte 65, Spalte 5). Die Präfektur im ehemaligen Bischofspalais besitzt noch eine von Hugues de Montaigu zwischen 1115 und 1135 erbaute Galerie des Umgangs. Diese Galerie setzt sich aus acht skulptierten Bögen und auffallend reich ausgeschmückten, einfachen oder gekoppelten Säulen zusammen (Bild 5). Da sich hier das Büro des Präfekten befindet, ist dieses Werk für die Öffentlichkeit leider nicht zugänglich.
Man verläßt Auxerre und fährt über die N 65 bis Tonnerre und über die D 905 (= Route Départementale) nach Montbard. Von dort aus kann man FONTENAY und VAUSSE besichtigen.
Fontenay (Côte-d'Or 21) liegt sechs Kilometer nordöstlich von Montbard (Michelin-Karte 65, Spalte 8). Nach der D 905 nimmt man in Marmagne die D 32. Das Kloster Fontenay ist nahezu vollständig erhalten und stellt eines der reinsten Beispiele der Zisterzienserbaukunst dar.
Der Kreuzgang liegt an der Südseite der Kirche. Leider ist das Brunnenhaus verlorengegangen. Das Licht fällt durch rundbogige Arkaden in die Galerien (Bild 4 und Umschlag Rückseite). Der ausgedehnte Schatten zeichnet sein Muster auf die großen, blanken Fliesen der Gänge.
In Montbard nimmt man im Nordwesten die D 905 bis Aisy-sur-Armançon (Spalte 7), dann die D 68, wo man links die »Ferme de Vausse« findet. Dieses im 12. Jahrhundert gegründete kleine Zisterzienserkloster nennt man zu Unrecht »Priorat«. Die Zisterzienser besaßen im Gegensatz zu den Cluniazensern keine Priorate, sondern Bauernhöfe oder sogenannte Granges, also Wirtschaftshöfe.
Die Abtei hatte einen gewissen Wohlstand gekannt, verfiel dann aber im 15. Jahrhundert und wurde während der Revolution als Nationalgut verkauft. Der heutige Besitzer des Betriebes läßt freundlicherweise den vollständig erhaltenen Kreuzgang besichtigen. Die Galerien sind ringsum mit einem Pultdach gedeckt; die schweren Strebepfeiler wirken rustikal (Bild 6). Sehr interessant ist die steinerne Regenrinne, die die Galerien umläuft. Sie sammelt das Wasser und leitet es in eine Zisterne, denn auf diesem Kalkplateau gab es weder Quellen noch Brunnen.

weiter Seite 82

Die Bildseiten

1 *Reims (Marne), Musée de Saint-Remi: Kapitell aus dem Kreuzgang von Saint-Remi.*

2 und 3 *Châlons-sur-Marne (Marne), Musée du cloître Notre-Dame-en-Vaux: Säulenfiguren aus dem Kreuzgang: Propheten.*

4 *Fontenay (Côte-d'Or): Kreuzganggalerie.*

5 *Auxerre (Yonne), Präfektur des Departements Yonne: Galerie des ehemaligen Bischofspalastes.*

6 *Vausse (Yonne): Kreuzgang.*

7 *Tournus (Saône-et-Loire): Galerie des Kreuzgangs Saint-Ardain.*

8 *Charlieu (Loire): Fenster des Kapitelsaals.*

9 *Lavaudieu (Haute-Loire): Galerie und Fenster des Kapitelsaals.*

10 *Le Puy (Haute-Loire): Hof des Kreuzgangs der Kathedrale.*

11 *Salles-en-Beaujolais (Rhône): Kreuzgangflügel und Brunnen.*

12 *Vaison-la-Romaine (Vaucluse): Pfeiler und gekoppelte Säulen im Kreuzgang der Kathedrale (Ausschnitt).*

13 *Vaison-la-Romaine: Innenhof des Kreuzgangs der Kathedrale.*

14 *Ganagobie (Alpes-de-Haute-Provence): Innenhof des Kreuzgangs.*

15 *Le Thoronet (Var): Blick durch die Fenster des Kapitelsaals auf den Kreuzgang.*

16 *Aix-en-Provence (Bouches-du-Rhône), Kathedrale Saint-Sauveur: Schmuckdetail in einem Zwickel der Kreuzgangarkaden.*

17 *Aix-en-Provence: Kreuzganggalerien der Kathedrale Saint-Sauveur.*

18 *Fréjus (Var): Nordgalerie des Kreuzgangs der Kathedrale.*

19 *Sénanque (Vaucluse): Nordflügel des Kreuzgangs.*

20 *Sénanque: Kreuzgangarkaden.*

21 *Saint-Rémy-de-Provence (Bouches-du-Rhône): Arkaden des Kreuzgangs von Saint-Paul-de-Mausole.*

22 *Montmajour (Bouches-du-Rhône): Kreuzganggalerien.*

23 *Montmajour: Kapitell vom Kreuzgang.*

24 *Arles (Bouches-du-Rhône): Kapitelle im Kreuzgang von Saint-Trophime: Verkündigung.*

25 *Saint-Guilhem-le-Désert (Hérault): Innenhof des Kreuzgangs.*

26 *Fontfroide (Aude): Kreuzgang, Ostgalerie.*

27 *Elne (Pyrénées-Orientales): Kapitell vom Kreuzgang der Kathedrale: Löwen.*

28 *Cuxa (Pyrénées-Orientales): Kapitell des Kreuzgangs.*

REIMS

2

CHÂLONS-SUR-MARNE

3

FONTENAY ▶

4

5

AUXERRE

VAUSSE ▶

6

TOURNUS

7

CHARLIEU

9

LAVAUDIEU LE PUY

11

SALLES

VAISON

12

13

14

15

LE THORONET

AIX

16

17

FRÉJUS

SÉNANQUE

MONTMAJOUR

ARLES

SAINT-GUILHEM ►

25

FONTFROIDE

27

ELNE

28

CUXA

SAINT-MARTIN-DU-CANIGOU

30

SERRABONE

SAINT-BERTRAND

SAINT-LIZIER ▶

36

MOISSAC

SILVANÈS

CONQUE

41

TOURTOIRAC

PÉRIGUEUX

42

LA GRAINETIÈRE

NIEUL-SUR-L'AUTIZE

43

ANGERS

DAOULAS

MORTAIN

48

BOSCHERVILLE

QVINQV MILIA HOM
VSATVRATISV

29 *Saint-Martin-du-Canigou (Pyrénées-Orientales): Gesamtansicht der Abtei.*

30 *Serrabone (Pyrénées-Orientales): Kapitell im Wandelgang der Kanoniker.*

31 *Serrabone: Arkaden im Wandelgang.*

32 *Saint-Bertrand-de-Comminges (Haute-Garonne): Westgalerie des Kreuzgangs.*

33 *Saint-Lizier (Ariège): Kreuzganggalerie der Kathedrale.*

34 *Toulouse (Haute-Garonne), Musée des Augustins: Kapitell vom Kreuzgang der Kathedrale Saint-Étienne: Der Kopf Johannes des Täufers wird Salome überreicht (Ausschnitt).*

35 *Toulouse, Musée des Augustins: Kapitell aus dem Kreuzgang der Kirche Notre-Dame de la Daurade: Job wird von einem Engel getröstet (Ausschnitt).*

36 *Moissac (Tarn-et-Garonne): Kapitell im Kreuzgang.*

37 *Moissac: Relief in der Ostgalerie des Kreuzgangs: Abt Durandus.*

38 *Silvanès (Aveyron): Durchblick vom Kapitelsaal auf den Ostflügel des Kreuzgangs.*

39 *Conques (Aveyron): Kreuzgang mit Brunnen.*

40 *Périgueux (Dordogne): Ostgalerie des Kreuzgangs der Kathedrale Saint-Front.*

41 *Tourtoirac (Dordogne): Kapitelle des Kapitelsaals.*

42 *La Grainetière (Vendée): Kreuzgangflügel.*

43 *Nieul-sur-Autize (Vendée): Hof des Kreuzgangs.*

44 *Angers (Maine-et-Loire), Präfektur: Fenster des Kapitelsaals der ehemaligen Abtei Saint-Aubin.*

45 *Angers, Präfektur: Eingang zum Kapitelsaal der ehemaligen Abtei Saint-Aubin.*

46 *Daoulas (Finistère): Ruinen des Kreuzgangs.*

47 *Mortain (Manche): Kreuzganggalerie der Abtei Blanche.*

48 *Rouen (Seine-Maritime): Kapitell aus dem Kreuzgang von Saint-Martin-de-Boscherville: die Musik und der Tanz.*

49 *Straßburg (Bas-Rhin), Musée de l'Œuvre Notre-Dame: Kapitell aus dem Kreuzgang in Eschau: Verkündigung und Geburt.*

50 *Straßburg, Musée de l'Œuvre Notre-Dame: Rekonstruktion einer Galerie des Kreuzgangs aus Eschau.*

Der zweite Teil dieses Reisewegs führt uns in den Süden Burgunds. 14 km östlich von Nuits-Saint-Georges liegt CÎTEAUX. An das »Mutterhaus« von Clairvaux, Morimond, La Ferté und Pontigny erinnern nur noch wenige Reste. Nur an Sonn- und Feiertagen kann man die Abtei besuchen, von deren Ursprüngen praktisch nichts mehr zu sehen ist. Trotzdem sei daran erinnert, daß Robert de Molesme hier im Jahre 1098 den Zisterzienserorden gründete.

Man fährt weiter nach TOURNUS (Saône-et-Loire 71; Michelin-Karte 69, Spalte 20). Um das Jahr 1000 zogen sich die Benediktinermönche von Noirmoutier auf der Flucht vor den Normannen nach Tournus zurück, wo ihnen Karl der Kahle Land schenkte. Sie hatten die Reliquien des heiligen Philibert, des Gründers ihres Klosters und des Klosters Jumièges, mit sich geführt. Die Abtei, die teilweise durch Brände zerstört und während der Religionskriege geplündert wurde, ist mehrmals wieder instand gesetzt worden. Heute steht neben der mächtigen und klargegliederten Kirche aus ockerfarbenem Stein noch der Kapitelsaal, das Refektorium und der Vorratsraum. Von dem ehemaligen Kreuzgang des 11. Jahrhunderts blieb die stark restaurierte Nordgalerie mit den schmucklosen, kräftigen Säulen erhalten (Bild 7).

Von CLUNY (Saône-et-Loire 71), der großen Stadt des Mittelalters, die einst »Licht der Welt« genannt wurde, findet sich nur noch ein geringer Teil der ursprünglichen Anlage. Von den romanischen Kreuzgängen blieb nichts erhalten.

Richtung Südwesten gelangt man dann auf der D 487 nach CHARLIEU (Loire 42; Michelin-Karte 73, Spalte 8), das zwischen Châteauneuf und Pouilly liegt. Die 872 gegründete Benediktinerabtei schloß sich Cluny an und wurde im 12. Jahrhundert sehr reich. Während der Revolution ist sie fast gänzlich zerstört worden, doch blieb der Kreuzgang vollständig erhalten. Allerdings stammen nur die sechs Arkaden auf den Zwillingssäulen in der Ostgalerie aus dem 11. Jahrhundert (Bild 8). Sie scheinen ursprünglich in dem Chorumgang der ehemaligen Kirche gestanden zu haben und hier wiederverwendet worden zu sein. In diesem Flügel ist auch noch ein alter Brunnen stehengeblieben.

Auvergne

Während das reiche Burgund seine romanischen Bauwerke im Wandel des Zeitgeschmacks vielfach durch gotische ersetzte, konnte sich die viel ärmere Auvergne dies nicht leisten. Das Christentum hatte hier schon seit dem 3. Jahrhundert Eingang gefunden. Aurillac ist der Geburtsort von Gerbert, der als Papst unter dem Namen Silvester II. bekannt werden sollte (gestorben 1003). In Clermont-Ferrand predigte Urban II. (gestorben 1099) den ersten Kreuzzug. Auch in der Auvergne findet man eine Vielfalt an Baumaterialien. Kalkstein aus Limagne, gelber Sandstein und vulkanische Lava wurden oft gleichzeitig an ein und demselben Bau verwendet.

Auf diesem Reiseweg besuchen wir die beiden einzigen romanischen Kreuzgänge, die in der Auvergne erhalten geblieben sind und sich geographisch keiner der fünf anderen genannten Regionen zuordnen lassen.

Ausgehend von Brioude (Michelin-Karte 76, Spalte 55) nimmt man die D588 und biegt nach zwei Kilometern rechter Hand auf die D20 in Richtung Fontannes ab und dann wiederum rechts auf die D203, um nach LAVAUDIEU zu gelangen (Haute-Loire 43). Diese ehemalige Benediktinerabtei – man kann sie nur von April bis Oktober besichtigen – wurde im 11. Jahrhundert durch die Abtei La Chaise-Dieu gegründet.
Sie bewahrt einen kleinen, doppelstöckigen Kreuzgang von bemerkenswerten Proportionen. Die obere, hölzerne Galerie wurde später hinzugefügt. Die einfachen oder gekoppelten Säulen sind ganz unterschiedlich gestaltet: glatt, gedreht oder polygonal. Auf ihnen liegen grob skulptierte Kapitelle (Bild 9). Die ocker-roséfarbene Körnung des Sandsteins trägt zu der Wärme dieses reizvollen, ganz mit Kiesel ausgelegten Kreuzgangs bei.
Die N102 führt nach LE PUY (Haute-Loire 43). Die Marienwallfahrt, die mit der Kathedrale von Le Puy verbunden ist, geht auf die ersten Jahrhunderte des Christentums zurück. Die Pilgerfahrten nahmen im Laufe des Mittelalters ständig an Bedeutung zu. Von Le Puy ging auch der Impuls zum ersten Kreuzzug aus.
Der Kreuzgang liegt auf der Nordseite der Kirche. Er stammt aus dem 11. und 12. Jahrhundert. Wie bei der Kirche, haben sich in diesem Bau byzantinische und vor allem arabische Einflüsse niedergeschlagen. Das Rechteck wird von fünf Arkaden in der Breite und zehn in der Länge gebildet. Die Kapitelle der Südgalerie stammen aus der karolingischen Epoche. Für die gebauchten Säulenmonolithe verwendete man farbiges Gestein. An den Eckpfeilern sind die vorgelegten Säulen eigenartigerweise schräg eingestellt, um so den Druck der Gewölbe besser aufnehmen zu können. Die Keilsteine und die Mauern über den Archivolten bestehen aus schwarzen, weißen und roten Steinen. Sie geben dem Kreuzgang sein besonderes Aussehen, das an Córdoba und Granada erinnert (Bild 10).
Die Südgalerie, die sich an die Kirche anlehnt, ist die älteste; die anderen sind restauriert worden. In der Westgalerie sieht man ein sehr schönes und seltenes romanisches Gitter. Die Kapitelle und besonders auch das Kranzgesims sind besonders reich ausgestaltet.
Die Farbigkeit der verschiedenen Gesteinsarten kommt im Licht eines klaren Sommermorgens am besten zur Geltung.

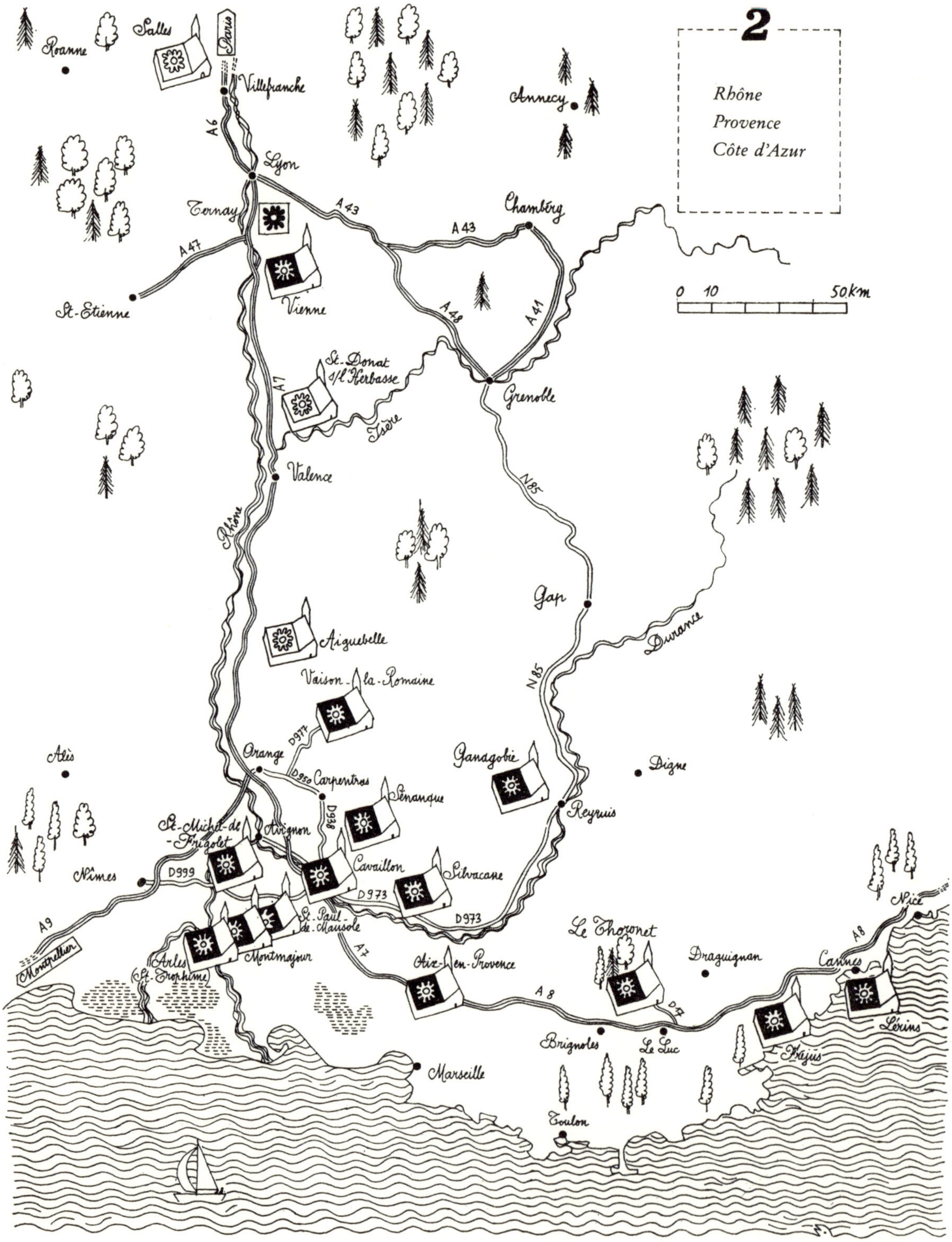

2
Rhône
Provence
Côte d'Azur
0 10 50km
Roanne
Salles
Paris
Villefranche
A6
Lyon
Ternay
A 43
A 47
St-Etienne
Vienne
Annecy
Chambéry
A 43
A 48
A 41
Grenoble
St-Donat s/l'Herbasse
Isère
A7
Valence
Rhône
N85
Gap
Durance
Aiguebelle
Vaison-la-Romaine
D977
Orange
D950
Carpentras
Sénanque
Ganagobie
Digne
Peyruis
N85
Alès
St-Michel-de-Frigolet
Avignon
D938
Nîmes
D999
Cavaillon
Silvacane
D973
D973
A9
Montpellier
St-Paul-de-Mausole
Arles (St-Trophime)
Montmajour
A7
Aix-en-Provence
A 8
Le Thoronet
Draguignan
Brignoles
Le Luc
Marseille
Toulon
Fréjus
Cannes
Lérins
Nice
A8

Rhône, Provence, Côte d'Azur

Diese Regionen wurden von den Römern schon sehr früh besetzt. Lyon, die Provinzhauptstadt, war bald Treffpunkt der Christen, die aus Kleinasien und dann aus Rom kamen. Später wurde diese Region immer wieder von Invasionen heimgesucht: Im 5. Jahrhundert waren es die Vandalen, Burgunder und Westgoten, im 6. Jahrhundert Ostgoten und Franken und im 8. und 9. Jahrhundert schließlich die Araber. Seit dem 5. Jahrhundert wurden Abteien errichtet. Oft zerstört, erlebten sie im 11. und 12. Jahrhundert eine neue Blütezeit.
In diesem Raum – besonders aber im unteren Rhône-Gebiet – verrät die romanische Kunst antike Einflüsse, daneben aber auch Einflüsse aus der Provence und aus Burgund. Tonnengewölbe treten an die Stelle der leicht brennbaren hölzernen Dachstühle. Neue Techniken führten zur Konstruktion des Spitztonnengewölbes und später des Kreuzgratgewölbes, dessen geringere Seitenschübe höhere Bauten mit leichteren Seitenmauern ermöglichten.
Der orientalische Einfluß erstreckte sich dank der Mönche von Lérins über den gesamten Südosten Galliens bis hin nach Genf. Um 400 hatte der heilige Honorat das Kloster Lérins in enger Anlehnung an das Leben der ägyptischen Gemeinschaften gegründet. Bald wurden die Lerinischen Inseln (bei Cannes) eine wahrhafte Bildungsstätte von Bischöfen (Arles, Lyon). Um 665 übernahm Lérins die Regel des heiligen Benedikt. Im Jahre 1073 wurde das Kloster der Insel Saint-Honorat befestigt, weil Sarazenen und Seeräuber es mehrmals überfallen und verwüstet hatten. Heute steht auf der Lerinischen Insel Saint-Honorat ein Zisterzienserkloster, dessen Kreuzgang man besichtigen kann (Führung).
Diese zweite Region, die wir besuchen, läßt sich in zwei Gebiete unterteilen: in das nördliche Rhône-Tal einerseits und die Provence und die Côte d'Azur andererseits. Unsere Rundfahrt beginnt in SALLES (Rhône 69; Michelin-Karte 91, Spalte 7 oder Karte 74, Spalte 11).

Von Lyon nimmt man die A 6 (= Autoroute/Autobahn) bis Villefranche-sur-Saône, dann links die D 504, rechts die D 20 und schließlich die D 19. Die von den Cluniazensern im 10. Jahrhundert gegründete Abtei Salles ging im 14. Jahrhundert an die Benediktinerinnen über. Vom romanischen Kreuzgang blieb eine Galerie zwischen der Kirche und dem Kapitelsaal erhalten (Bild 11).

Auf der A 6 kehrt man nach Lyon zurück und gelangt von dort aus nach VIENNE. Im Vorbeifahren sieht man 13 Kilometer vor Vienne TERNAY (Rhône 69), ein altes Priorat Clunys, von dem nur geringe Reste des Kreuzgangs erhalten geblieben sind (an der D 150).

In Vienne (Isère 38) ist der berühmte kleine Kreuzgang der Abtei Saint-André-le-Bas aus dem 12. Jahrhundert zu besichtigen. Das im 6. Jahrhundert gegründete Frauenkloster überstand die Invasionen und Religionskriege. Die Klosterkirche wurde später zur Pfarrkirche. Um die Mitte dieses Jahrhunderts begann man mit der Restaurierung des Kreuzgangs, wobei nur wenige Säulen überarbeitet wurden. Insgesamt umfaßt der Kreuzgang 42 schlichte, kannelierte oder mit Laubwerk skulptierte Säulen, die im Wechsel mit Pfeilern eine Reihe von Rundbögen tragen. In dem Blattwerk entdeckt man kleine Menschenköpfe und Masken. Das Pultdach ist mit runden Ziegeln gedeckt. In dem Refektorium ist ein Museum für christliche Architektur eingerichtet.

Man verläßt Vienne auf der A7 und fährt bis zur Abzweigung, bei der man wieder auf die D 112 und D 53 trifft. So erreicht man SAINT-DONAT-SUR-L'HERBASSE (Drôme 26). Dieser Ort ist besonders unter Musikliebhabern bekannt, denn jedes Jahr ist die Kollegiatskirche Mittelpunkt der Festtage für klassische Musik. Neben der Bischofskapelle aus dem 12. Jahrhundert und dem Saal der Wachen findet man die Reste des Kreuzgangs. Die Fachleute sind sich bis heute nicht einig, in welche Epoche er zu datieren ist.

Die A7 führt uns weiter nach Montélimar. Obwohl sie von Zisterziensermönchen bewohnt ist, können wir die Abtei AIGUEBELLE (Drôme 26) nicht einfach unterschlagen. Sie wurde 1137 gegründet und nach einer wechselvollen Geschichte 1816 wiederbelebt. Sie liegt zwischen Montélimar und Grignan an der D 560, drei Kilometer südwestlich von Montjoyer (Michelin-Karte 93, Spalte 22 oder Karte 81, Spalte 1/2). Der Kreuzgang ist leider nicht zu besichtigen. Die Galerie entlang der Kirche blieb im ganzen erhalten. Sie ist mit einer Spitztonne überwölbt. Zwillingssäulen tragen die Rundbögen mit den Blattkapitellen. Die anderen Galerien, die – bis auf einige Teile der Ostgalerie – erneuert wurden, bilden ein exaktes Quadrat.

Wieder auf der A7, nehmen wir vor Bollène die D 94 bis zur D 20 und kommen so nach VAISON-LA-ROMAINE (Vaucluse 84; Michelin-Karte 81). Der kleine Kreuzgang wurde im 11. und Anfang des 12. Jahrhunderts an der Nordseite der Kathedrale auf karolingischen Fundamenten errichtet. Er ist stark restauriert und wirkt durch die große Klarheit der Formen (Bild 13). Wie viele provenzalische Kreuzgänge, so ist auch dieser Kreuzgang mit einem Tonnengewölbe gedeckt. Rundbögen ruhen auf Zwillingssäulen und sorgsam ausgearbeiteten Pfeilern (Bild 12).

Zu einem neuen Ausflug fahren wir ein Stück gen Norden nach Nyons und wenden uns dann ostwärts nach Serres. Dann geht es wieder nach Süden auf der N 75 Richtung Sisteron und Château-Arnoux. Zehn Kilometer nach Peyruis biegt man von der N 96 ab und erreicht auf der D 30 in Serpentinen GANAGOBIE (Alpes-de-Haute-Provence 04; Michelin-Karte

81, Spalte 15/16). Wie eine Festung liegt das Kloster über dem Tal der Durance. Auf den Resten einer karolingischen Abtei errichtet, wurde es im 10. Jahrhundert von Cluny übernommen. Die Raumverhältnisse und die Mauertechnik erreichen hier eine unerwartete Vollkommenheit. Der niedrige, massive Baukomplex erinnert an den nüchternen zisterziensischen Stil (vgl. auch »Romanik der Hoch-Provence«, Würzburg 1984).
Der Kreuzgang bildet ein unregelmäßiges Viereck, nahezu ein Quadrat, an dem die alten Gebäude liegen, die man erhalten wollte (Bild 14). Im 19. Jahrhundert wurde er getreu der alten Form wiederhergestellt, wobei man sich der originalen Steine bediente. Die Galerien tragen Tonnengewölbe.
In der Mitte dient eine große Zisterne als Wasserreservoir für das Priorat, wie wir es auch in Montmajour, Saint-Paul-de-Mausole, Saint-Michel-de-Frigolet oder in Aiguebelle finden. Der Kreuzgang öffnet sich auf den Innenhof in acht großen Flachbögen (zwei auf jeder Seite), Entlastungsbögen, die in der Mitte und in den Ecken jeder Galerie auf kräftigen Strebepfeilern aufliegen.
In Manosque nimmt man die D 907, überquert die Durance und fährt dann nach Süden auf der D 4 bis Vinon-sur-Verdon, wo man weiter südwärts der D 554 bis Tavernes folgt. Wenn man nach rechts abbiegt, erreicht man über die D 560 Barjols, wo man auf die D 554 stößt. Von Le Val führt die D 562 nach Carcès; rechts die D 13 nehmen, dann die D 279 bis zur Abtei LE THORONET (Var 83; Michelin-Karte 84, Spalte 6).
Le Thoronet gehört zu den drei berühmten »Zisterziensischen Schwestern« der Provence. Der Kreuzgang liegt im Norden der Kirche und wirkt in seiner klaren Formgebung äußerst streng und schlicht. Er ist ein Spiegelbild der in ihm gelebten Entsagung und Entäußerung. Bemerkenswert ist auch der trapezförmige Grundriß und das wegen des abfallenden Geländes unterschiedliche Bodenniveau innerhalb der Galerien. Die sehr dicken Mauern sind von Rundbogenarkaden mit Okuli und Zwillingsbögen auf massiven Säulen durchbrochen. Von der Nordgalerie aus öffnet sich auf den Innenhof ein sechseckiges Brunnenhaus. Es ist ein seltenes Beispiel, denn die meisten Brunnenhäuser romanischer Kreuzgänge sind verlorengegangen. Wie in allen Zisterzienserbauten jener Epoche beeindruckt die Ausgewogenheit des Raumgefüges, die Harmonie der Massen und die Perfektion in der Bearbeitung des Steins (Bild 15).
Man verläßt Le Thoronet auf der D 79 und fährt gen Osten bis zur D 17, wo man auf die N 7 stößt und nach FRÉJUS gelangt (Var 83; Michelin-Karte 84, Spalte 18). Der gut restaurierte Kreuzgang der Kathedrale stammt aus dem 13. Jahrhundert. Im 14. Jahrhundert ersetzte man die Gewölbe des Erdgeschosses durch eine bemalte Holzdecke (Bild 18). Um die oberen Galerien verlaufen Rundbogenarkaden, während unten spitzbogige Arkaden auf sorgfältig verzierten Kapitellen ruhen. Im Innenhof blieb der provenzalische Brunnen erhalten. Von Fréjus kann man nach AIX-EN-PROVENCE (Bouches-du-Rhône 13) weiterfahren, um dort eine weitere Folge von Besichtigungen zu beginnen.
Die Holzdecke in dem Kreuzgang der Kathedrale Saint-Sauveur ermöglichte die Verwendung sehr zierlicher Zwillingssäulen, denn sie hatten keine Gewölbe zu tragen. Neben Kapitellen, die mit Blattwerk geschmückt sind, gibt es auch »erzählende« Kapitelle mit szenischen Darstellungen (Bild 16 und 17).
Man verläßt Aix auf der N 7. Nach neun Kilometern biegt man nach rechts auf die N 543 ab

und erreicht über die D 23 SILVACANE (Bouches-du-Rhône 13; Michelin-Karte 93, Spalte 12 oder Karte 84, Spalte 2/3). Auch dieses Kloster gehört zu den berühmten »Zisterziensischen Schwestern« der Provence.
Im 11. Jahrhundert gegründet, hat die Abtei im Laufe ihrer Geschichte mehrfach Plünderungen erleiden müssen. Heute ist sie restauriert. Der Kreuzgang liegt auf der Nordseite der Kirche. Die dicken Mauern geben ihm ein massives und strenges Aussehen von großer Schlichtheit. Erbaut zwischen 1250 und 1300, sind seine Galerien mit Tonnengewölben und drei Ecken mit Kreuzrippen versehen. In der vierten, der Nordostecke, verbindet ein Gurtbogen die beiden Tonnengewölbe. Auf den rechteckigen Innenhof öffnen sich wuchtige Rundbogenarkaden: fünf auf den beiden Schmal-, sechs auf den beiden Längsseiten. Der Kreuzgang ist wie in Sénanque und Le Thoronet mit einem Flachdach gedeckt. Man findet keinerlei Ornament. Der Verzicht auf Ausschmückung und die Reinheit der Formen machen allein die strenge Schönheit dieses Kreuzgangs aus.
Man fährt wieder in Richtung Norden nach Cadenet, wo man rechter Hand die D 943 nimmt, durchquert Bonnieux und erreicht über die D 36 die N 100. In Coustellet zweigt rechts die D 2 nach Gordes ab. Dort fährt man auf die D 177, von der schließlich ein Weg in das einsame, kleine Tal von SÉNANQUE führt (Vaucluse 84). Zahlreiche Studien über diese dritte »Zisterziensische Schwester« geben Aufschluß über alle Details des Kreuzgangs, der ausnahmsweise an der Westflanke der Kirche liegt, weil die Kirche nicht nach Osten ausgerichtet ist. Der Kreuzgang wurde Ende des 12. Jahrhunderts nach dem gleichen Grundriß wie die Kreuzgänge von Fontenay und L'Escale-Dieu errichtet. Tonnengewölbe erstrecken sich über den Galerien, wobei jeweils die Mitte jeder Galerie durch einen quadratischen Gurtbogen mit gefasten Kanten markiert ist. Die Überarbeitung des Kreuzgangs zeigt sich besonders in den skulptierten Kapitellen. Große Platten decken den Boden der Gänge (Bild 19 und 20).
Wir kehren nach CAVAILLON zurück (Vaucluse 84). Auf der Südseite der sehr dunklen Kathedrale liegt der kleine, rustikal wirkende Kreuzgang der Kanoniker. Die Galerie entlang der Kirche ist breiter als die drei übrigen. Der Kreuzgang ist spitzbogig gewölbt. In den vier Ecken befinden sich Kreuzrippengewölbe, die auf wuchtigen Pfeilern ruhen.
Der vierte Teil dieses Reisewegs umfaßt die Kreuzgänge, die zwischen Cavaillon und Arles liegen.
Ausgehend von Cavaillon auf der N 99, wechselt man in Saint-Rémy-de-Provence auf die D 5 (Michelin-Karte 84, Spalte 1 oder besser Karte 93, Spalte 26) und erreicht so SAINT-PAUL-DE-MAUSOLE (Bouches-du-Rhône 13). Das alte Kapitel der Kanoniker hatte sich 1080 hier nahe bei den antiken Stätten niedergelassen, um endlich die Bevölkerung zu christianisieren. Der Kreuzgang wurde um das Jahr 1145 gebaut (Bild 21). Von den Galerien sind die beiden im Norden und Osten die ältesten. Die Kapitelle der Zwillingssäulen sind hier nur mit Blattwerk verziert, während die der beiden anderen Galerien kunstvoll skulptierte Szenen zeigen, die an die von Montmajour oder Arles erinnern. Zwischen den robusten Pfeilern und den Rundbögen entdeckt man den schönen Glockenturm mit lombardischer Arkatur.
Heute ist in den Gebäuden eine Nervenheilanstalt untergebracht. Der Kreuzgang steht jedoch dem Reisenden zur Besichtigung offen.

Man verläßt Saint-Rémy und fährt wieder auf der D 5 gen Norden bis zur Kreuzung mit der N 570, von der aus man nach zwei Kilometern der D 81 folgt. Sie führt auf die Hochebene, auf der sich SAINT-MICHEL-DE-FRIGOLET befindet (Michelin-Karte 93, Spalte 25). Im 10. Jahrhundert nahe der einzigen Quelle der Gegend gegründet, war es zunächst ein kleines Priorat von Montmajour. Später wurde Frigolet zum Kollegiat der Augustiner-Chorherren, bevor es schließlich 1858 die Prämonstratenser übernahmen. Der kleine rustikale Kreuzgang liegt an der Nordseite der Kirche. Kräftige Pfeiler bestimmen den Rhythmus der Galerien. Die vier Säulen der Eckpfeiler sind wahrscheinlich wiederverwendete römische Bauteile. Ihre Kapitelle sind mit den Evangelistensymbolen verziert, von denen nur der Adler fehlt.
Man nimmt die D79a, dann die N 570 bis zur D 17, an der sich nach zwei Kilometern die ehemalige Abtei MONTMAJOUR befindet (Michelin-Karte 93, Spalte 26). Im 10. Jahrhundert wurde sie von den Benediktinern gegründet, die auch das umliegende Sumpfgebiet trokkenlegten.
Montmajour entwickelte sich neben Lérins und Saint-Victor in Marseille zu einer der mächtigsten Abteien der Provence bis hinein ins 16. Jahrhundert. Während der Revolution als Nationalgut verkauft, wurde Montmajour Stein um Stein verschleudert. Eigenartigerweise blieb der Kreuzgang aus dem 12. Jahrhundert neben den großartigen Ruinen der Kirche und dem Donjon aus dem Jahre 1369 erhalten. Im rechteckigen Innenhof des Kreuzgangs liegt geschützt eine Zisterne, die durch die Dächer der vier Galerien gespeist wird.
Charakteristisch für die provenzalische Architektur sind die Flachbögen, die die Pfeiler verbinden und als Entlastungsbögen dienen. Die erste, 1153 begonnene Galerie war 1182 fertiggestellt. Die West- und die Ostgalerie entstanden etwa zur selben Zeit. Die Südgalerie stammt aus dem 14. Jahrhundert. In der Ostgalerie bewahrten sich noch einige romanische Kapitelle; die anderen entstanden später oder sind das Ergebnis von Restaurierungen. Alle Galerien tragen Tonnengewölbe (Bild 23).
Unsere letzte Station in der Provence ist ARLES. Die ehemalige Kathedrale Saint-Trophime steht auf einer früheren karolingischen Kirche und besitzt einen Stiftskreuzgang. Er gilt als einer der repräsentativsten in der Provence. Eine große Zahl detaillierter Studien sind ihm bereits gewidmet. Wir erinnern lediglich daran, daß er nach der Mitte des 12. Jahrhunderts gebaut und erst im 14. Jahrhundert vollendet wurde. Die Nordgalerie ist die älteste. Bei den Marmorsäulen handelt es sich um wiederverwendete Materialien. Eine wunderbare Ikonographie schmückt die Pfeiler und Kapitelle (Bild 24). Die Ostgalerie, die aus den letzten Jahren des 12. Jahrhunderts stammt, behält die Struktur der Nordgalerie bei. Beide tragen Tonnengewölbe. Die Kapitelle veranschaulichen Themen des Neuen Testaments. Die beiden anderen Galerien im Westen und Süden (links vom Eingang) sind gotisch und mit Kreuzrippengewölbe versehen. Auch hier sind die Kapitelle reich ausgestaltet.

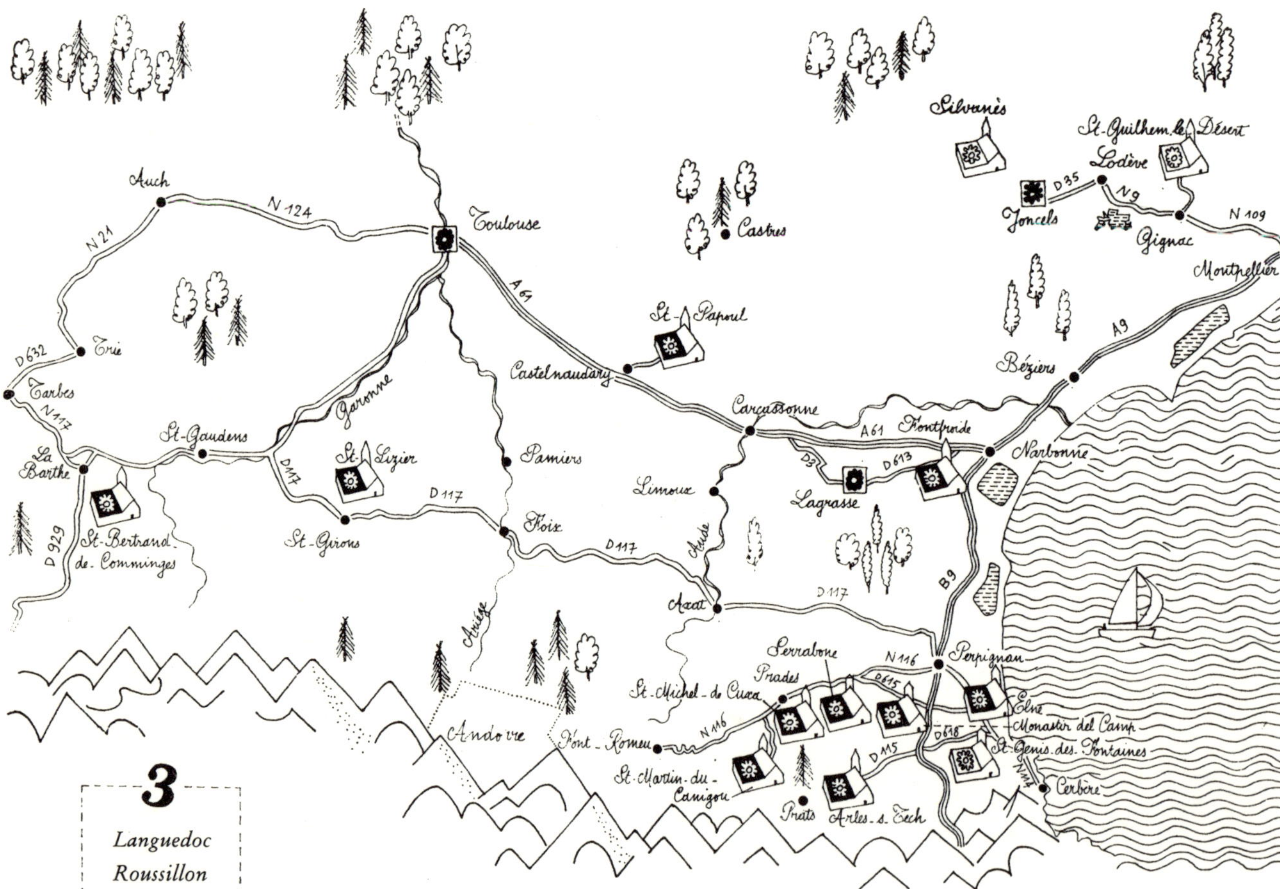

3

Languedoc
Roussillon
Midi
Pyrenäen

Languedoc, Roussillon, Midi, Pyrenäen

An den Bauten entlang der Pilgerstraßen lassen sich viele verschiedenartige Einflüsse nachweisen: Einflüsse aus der Provence und der Auvergne, zugleich aber auch Einflüsse orientalischer Herkunft (Kuppeln). Im Roussillon verwendete man zum Bau der Kreuzgänge den Marmor des Landes. Sie sind häufig das Resultat mehrfachen Wiederaufbaus, denn während der zahlreichen Einfälle der Sarazenen waren sie wiederholt zerstört worden. Viele Abteien versuchten sich durch Befestigungen zu schützen. Man darf auch den Kreuzzug gegen die Albigenser nicht vergessen (1209–1213), dem eine große Zahl von Bauwerken zum Opfer fiel.

Wir beginnen die Erkundung dieser Region mit SAINT-GUILHEM-LE-DÉSERT (Hérault 34; Michelin-Karte 83, Spalte 6, kleine Straße westlich der D 4). Die Benediktinerabtei ist 804 durch Guilhem, einen Begleiter Karls des Großen, gegründet worden. Vom großartigen Kreuzgang blieb leider nur wenig erhalten. Man betritt ihn durch ein Portal im südlichen Querschiffarm.

Das Kloster entstand am Eingang in die Schlucht, die es beherrscht. Wegen der Abschüssigkeit des Geländes erhielt der Kreuzgang (Bild 25) eine trapezähnliche Form. Ursprünglich bestand der Kreuzgang aus zwei Stockwerken. Die Skulpturen der oberen Galerien sind während der Religionskriege verstümmelt worden. In der Revolution verkaufte man das Kloster an einen Maurer, der es als Steinbruch ausbeutete. Liebhaber kauften die bemerkenswertesten Skulpturen, von denen sich Reste in Privateigentum über die Region verstreut wiederfinden, so auch bei der »Société archéologique« in Montpellier. Im Jahre 1905 kaufte der amerikanische Bildhauer Georg Grey-Barnard mehr als die Hälfte des Kreuzgangs und transportierte ihn in die Vereinigten Staaten mit anderen »alten Steinen«. Im Jahre 1925 stellte sie Rockefeller junior im Museum »The Cloisters« aus und vergrößerte die Sammlung. Man findet dort unter anderem auch Teile der Kreuzgänge von Saint-Michel-de-Cuxa, Bonnefont en Comminges und Trie, die wiederaufgebaut als Teil eines romanischen und gotischen Ensembles präsentiert werden, wobei im Hintergrund gregorianische Musik erklingt.

Der Kreuzgang von Saint-Guilhem besaß ursprünglich zwei romanische und zwei gotische Galerien. In New York findet man sie – je nachdem, wie man sie zur Rekonstruktion benötigte – vermischt. Außerdem ist der Kreuzgang nicht mehr trapezförmig, sondern quadratisch angelegt. Wie Robert Saint-Jean in seiner Studie feststellt, fungieren Kapitelle anstelle fehlender Basen, und gotische Säulen tragen romanische Kapitelle. Einzelne Stücke dieses Ensembles finden sich auch in privaten Sammlungen, unter anderem in Pennsylvania. Bedauerlicherweise gibt es viele Fälle dieser Art, daß romanische Kunstwerke aus ihrem ursprünglichen Zusammenhang herausgelöst wurden. Da wir uns in dieser Gegend befinden, soll gleich auf ein anderes Beispiel einer solchen Verlegung hingewiesen werden: Der Kreuzgang des Karmelitenklosters in Perpignan steht heute im Schloß von Villemartin.

Wahrscheinlich war der untere Kreuzgang von Saint-Guilhem wegen der geringen Mauerstärke und der fehlenden Strebepfeiler nicht eingewölbt. In der Südwestecke befand sich das quadratische Brunnenhaus und darüber ein Raum, der als Archiv diente. Die älteste Galerie, die im Norden an die Kirche grenzt, war durch 15 Rundbögen in ungleiche Joche unterteilt und maß 14 Meter. Die romanische Westgalerie war 16 Meter lang. Die gotischen Galerien im Süden und Osten hatten eine Länge von etwa 12 bzw. 23 Meter.

Von Saint-Guilhem aus fährt man über die N 9 bis Lodève, wo man im Westen die D 35 bis zur D 138 nimmt, an der auf der rechten Seite JONCELS liegt (Hérault 34; Michelin-Karte 83, Spalte 4). Von der ehemaligen romanischen Abtei blieben leider nur einige wenige Bögen des Kreuzgangs übrig.

Über die D 8 und die D 10 erreicht man SILVANÈS (Hérault 34; Michelin-Karte 83, Spalte 3/4 oder Karte 80, Spalte 13/14). In dieser aus der zweiten Hälfte des 12. Jahrhunderts stammenden Zisterzienserabtei hat die Revolution großen Schaden angerichtet. Vom Kreuzgang blieb nur ein kleiner Teil der Ostgalerie zwischen der Kirche und dem Bach erhalten (Bild 38). Die vier Joche sind mit Kreuzrippengewölben gedeckt und öffnen sich in Spitzbögen auf den Innenhof. Die kleinen Zwillingssäulen der Arkaden tragen schlichte Kapitelle ohne Skulptur im reinsten Geist der Zisterzienserbaukunst.

Von Silvanès fährt man über die D 12, die D 922 und die D 13 zurück auf die D 909 bis Béziers und erreicht dann über die N 9 oder N 113 Narbonne. Man verläßt Narbonne in Richtung Westen über die N 113. Nach fünf Kilometern nimmt man links die D 613 und findet nach sieben Kilometern links den Weg, der nach FONTFROIDE führt (Aude 11; Michelin-Karte 83, Spalte 13 oder Karte 86, Spalte 9).

Das Ende des 11. Jahrhunderts gegründete Kloster gehörte erst den Benediktinern, dann den Zisterziensern. Das Bauwerk hat im Lauf der Jahrhunderte nicht allzusehr gelitten. Der halb romanische, halb gotische und mit Kreuzrippengewölbe gedeckte Kreuzgang ist von besonderer Schönheit (Titelbild des Umschlags und Bild 26). Er wurde sicherlich anstelle eines viel kleineren, hölzernen Kreuzgangs errichtet.

Die Joche öffnen sich in drei oder vier kleinen Rundbogenarkaden, die auf Zwillingssäulen aus weißem, geädertem Marmor ruhen. Die Kapitelle sind mit Blattwerk verziert. Unter großen Entlastungsbögen, die die Arkaden überspannen, öffnen sich Okuli. Die Nordgalerie wurde im 17. und 18. Jahrhundert erneuert. Vom Flachdach des Kreuzganges aus hat man einen schönen Blick auf die Gesamtanlage.

Auf der D613 gelangt man nach Saint-Laurent und nimmt dann die D3, die nach LAGRASSE führt. Dort kann man im Vorbeifahren die von Karl dem Großen gegründete Abtei sehen, wo Reste des ursprünglichen Kreuzgangs erhalten sind. Man kann auch direkt Perpignan anfahren und von dort aus in mehreren Ausflügen die weiteren Klöster des Roussillon besuchen.

Der Kreuzgang von ELNE südlich von Perpignan an der N114 ist im Roussillon das einzige Beispiel, bei dem noch alle vier Galerien unversehrt erhalten geblieben sind. Er war ursprünglich zweistöckig. Einige Kapitelle der oberen Galerien befinden sich im Park des Schlosses Ville-l'Évêque bei Angers. Die gallorömische Stadt Elne wurde im 4. Jahrhundert Bischofssitz, später von den Sarazenen eingenommen und 718 zurückerobert.

Der Kreuzgang liegt auf der Nordseite der Kirche. Die an die Kirche angebaute Südgalerie, der älteste Teil dieser Anlage, entstand Ende des 12. Jahrhunderts. Zunächst war die Galerie mit einem Pultdach und einem Gebälk gedeckt, das dann aber durch ein Kreuzrippengewölbe ersetzt wurde. Die Skulpturen stammen aus einer Werkstatt des Roussillon. Auf den Kapitellen aus weißem, blau geäderten Marmor findet man die gleichen Motive wie in Cuxa und Serrabone: Blumen, Tiere (Bild 27) und Sirenen. Die Galerien im Westen und Norden stammen aus dem 13. Jahrhundert, doch bilden sie mit der Ostgalerie aus dem 14. Jahrhundert, die sich in den vorgegebenen romanischen Rahmen einfügt, eine harmonische Einheit.

Auf der D618 erreicht man SAINT-GENIS-DES-FONTAINES (Michelin-Karte 86, Spalte 19). Besondere Beachtung verdient hier der Türsturz am Westportal der ehemaligen Abtei. Der Bericht über den Abriß des Kreuzgangs klingt nahezu unglaublich. Heute sieht man noch seinen einstigen Standort im Hof eines etwas abseits stehenden Hauses (Maison Joud) im Nordosten der Abtei. Wie Pierre Ponsich, ein Kenner des Roussillon, erklärt, war die Anlage bis zum Jahre 1924 vollständig erhalten. In diesem Jahr wurde sie auf Veranlassung des Antiquitätenhändlers Gouvert abgebaut und verkauft. Gouvert hatte bereits bei dem Export eines großen Teils des Kreuzgangs von Cuxa mitgewirkt. In Saint-Genis-des-Fontaines blieb ein Drittel des Kreuzgangs am Platz. Dieser Teil befindet sich in der an den Hof angrenzenden Wohnung. Die restlichen zwei Drittel verkaufte der Händler als zwei angeblich vollständige Kreuzgänge (Säulen und Kapitelle waren aus Marmor gleichen Ursprungs). Der eine Teil kam ins Museum von Philadelphia. Der andere Teil, der heute im Garten des Schlosses Mesnuls im Yvelines steht, soll nach Saint-Genis zurückgebracht und dort wieder-aufgestellt werden. Schließlich findet man auch noch im Louvre in Paris drei Kapitelle und zwei vollständige Arkaden mit ihrer Sockelmauer.

Weiter auf der D618, dann der D115 erreicht man Amélie-les-Bains, wo man Station machen kann, um von dort aus ARLES-SUR-TECH zu besichtigen (Michelin-Karte 86, Spalte 18). Schon als römische Stadt war Amélie-les-Bains für ihre Bäder und Heilquellen bekannt, wurde dann aber zerstört und gegen 778 im Schutze eines Benediktinerklosters wiederaufgebaut. Nachdem die Normannen den Ort verwüstet hatten, wurde das Kloster im 9. Jahrhundert vier Kilometer vom ursprünglichen Platz entfernt wiedererrichtet. Gegen 1078 schlossen sich die Mönche Cluny an, was die Abtei und die Stadt zu Wohlstand brachte.

Der Kreuzgang befindet sich nördlich der Kirche. Er besteht aus weißem, blau geäderten Marmor und muß ursprünglich doppelgeschossig gewesen sein. Heute ist er mit einem Pultdach versehen. Er gehört zu den seltenen, vollständig erhaltenen Kreuzgängen des Roussillon, die an Ort und Stelle verblieben. Zwischen dem 12. Jahrhundert und dem Ende des 13. Jahrhunderts anstelle eines älteren Kreuzgangs errichtet, wird an ihm der Übergang von der Romanik zur Gotik sichtbar. Die Mehrzahl der Kapitelle stammt aus der romanischen Epoche, während die Säulen und Gewölbe gotisch sind. Das gleiche gilt vom Kreuzgang in MONASTIR DEL CAMP an der D2 westlich der N9. Er wurde Anfang des 14. Jahrhunderts als einer der ersten gotischen Kreuzgänge dieser Region gebaut, läßt aber noch deutlich die romanischen Einflüsse erkennen (Michelin-Karte 86, Spalte 19).
Von Amélie oder besser von Prades aus (Michelin-Karte 86, Spalte 17/18), kann man die drei Kreuzgänge in der näheren Umgebung besuchen. Wir beginnen mit SAINT-MICHEL-DE-CUXA an der D27. Die Benediktinerabtei wurde im 11. Jahrhundert gegründet. Das abschüssige Gelände machte gewaltige Nivellierungsarbeiten notwendig.
Der große Kreuzgang im Norden der Abtei war ursprünglich ein weites, unregelmäßiges Rechteck von ungefähr 38 auf gut 29 Meter. Die Arkaden trugen ein Pultdach. Die skulptierten Kapitelle sind aus dem rosa Marmor von Rià-Villefranche. Der Kreuzgang entstand wahrscheinlich um die Mitte des 12. Jahrhunderts. 1790 wurde er als Nationalgut verkauft. Er verwahrloste und wurde geplündert. Der größte Teil der Säulen und Kapitelle befindet sich im Museum »The Cloisters« in New York, gekauft von dem amerikanischen Bildhauer Grey-Barnard zur selben Zeit wie die Kreuzgänge von Bonnefont und Saint-Guilhem. Das, was man heute in Saint-Michel-de-Cuxa sieht, ist eine Rekonstruktion aus den Fragmenten, die man in der Umgebung, besonders in Prades, fand. Die dekorativen Themen der Kapitelle umfassen Pflanzen- und Tiermotive, daneben gibt es auch Figurenkapitelle (Bild 28). Sie wurden, so glauben die Fachleute, in zwei aufeinanderfolgenden Werkstätten gefertigt. Das Becken, das zur Reinigung diente, befindet sich in Éze in Privatbesitz.
Über die D27 gelangt man nach Vernet-les-Bains, dann nach Casteil (D116). SAINT-MARTIN-DU-CANIGOU kann man jedoch nur zu Fuß auf einem sehr steilen Pfad erreichen. Man muß für die Wanderung und Besichtigung einen Vormittag oder einen Teil des Nachmittags einplanen.
Das zwischen 1007 und 1011 gegründete Benediktinerkloster wurde von einem Mönch aus Cuxa erbaut. Hier verlebte der berühmte Graf Guifred de Cerdagne die letzten Jahre nach seiner Konversion. Einzigartig gelegen, wirkt es wie ein Adlerhorst (Bild 29). Wegen des sehr steilen Geländes liegt der Kreuzgang an der Südwestseite der Kirche über einer tiefen Talschlucht. Ursprünglich war er doppelstöckig. Die heutige Westgalerie ist vollständig aus dem in der Umgebung zusammengesammelten Material einer oberen Galerie wiedererrichtet worden. In Anpassung an das Gelände hat der Grundriß des Kreuzgangs die Form eines unregelmäßigen Trapezes. Der untere Kreuzgang, der älteste der gesamten Region, dürfte wohl den ersten karolingischen Kreuzgängen ähneln, doch ist er stark restauriert. Ende des 10. und Anfang des 11. Jahrhunderts wurde er eingewölbt.
Von der N116 abzweigend, nimmt man die D618 und erreicht über einen schmalen und sehr steilen Weg (D84) das im 11. Jahrhundert gegründete Priorat der Augustiner-Chorherren SERRABONE.

Die Südgalerie des Wandelganges der Chorherren liegt beherrschend über der Schlucht. Die Arkaden ruhen auf kräftigen Schieferpfeilern, die mit Zwillingssäulen abwechseln (Bild 31). Die Skulpturen der Kapitelle bieten keine religiösen Themen (Bild 30). Sie wurden von derselben Hand oder derselben Werkstatt geschaffen wie die Skulpturen der Empore von Cuxa und der berühmten Empore in der Kirche von Serrabone.
Die sechs Arkaden sind in zwei Dreiergruppen von drei massiven, sorgfältig gearbeiteten und an den Kanten profilierten Schieferpfeilern eingefaßt. Der Kreuzgang trug einst ein Pultdach. Bei der Wiederherstellung erhielt er irrtümlicherweise eine Art Holzgewölbe. Die Arkaden ruhen auf Zwillingssäulen.
Auf dem Weg nach Toulouse kann man an SAINT-PAPOUL vorbeifahren (Aude 11; Michelin-Karte 82, Spalte 20), wenn man im Nordwesten von Castelnaudary die D 103 einschlägt. Das hier im 11. Jahrhundert gegründete Kloster wurde im 14. Jahrhundert Bischofssitz. Im Süden der Kirche befindet sich der Kreuzgang mit Zwillingssäulen und skulptierten Kapitellen, die die Rundbögen tragen.
Besser noch verläßt man das Roussillon Richtung Westen, um direkt über die D 117 auf der D 3 nach SAINT-LIZIER zu gelangen (Ariège 09; Michelin-Karte 86, Spalte 3).
Der Kreuzgang der Kathedrale stammt aus dem 12. Jahrhundert (Bild 33). Die Arkaden ruhen abwechselnd auf einfachen oder gekoppelten kleinen Marmorsäulen. Die Kapitelle – einige sind aus Marmor, andere aus Kalkstein – stammen zweifellos aus einer in Toulouse beheimateten Werkstatt. Flechtwerk, phantastische Figuren, Tiere und Blattornamente schmücken sie. Im 15. Jahrhundert wurden die Galerien um eine Etage erhöht.
Die nächste Station ist SAINT-BERTRAND-DE-COMMINGES (Haute-Garonne 31; Michelin-Karte 86, Spalte 1, ganz im Westen an der D 26).
Saint-Bertrand-de-Comminges zählte im 5. Jahrhundert 60 000 Einwohner. 585 durch die Vandalen völlig zerstört, kam der Ort um 1120 zu neuer Blüte. In dieser Epoche richtete sich hier ein Kapitel von Chorherren ein. Die Stadt galt als wichtiger Sammelpunkt auf dem Pilgerweg nach Santiago de Compostela.
Der kleine Kreuzgang der Kathedrale liegt steil und beherrschend über der Schlucht. Durch die Öffnungen der zum Teil zerstörten Befestigungsmauern blickt man auf die Berge und die Garonne. Friede und Stille herrschen in diesem geschlossenen Ort zwischen Felsen und Himmel. Die trapezähnliche Form, die sich dem Terrain anpaßt, verleiht dem Ganzen einen besonderen Reiz. Von den vier Galerien sind drei romanisch, die nördliche wurde im 15. und 16. Jahrhundert erneuert. Die bemerkenswerten Kapitelle zeigen verschiedene figürliche Szenen, die der Schule von Toulouse zugeschrieben werden können, zugleich aber auch skulptiertes Flecht- und Blattwerk. In der Mitte der Westgalerie erhebt sich der berühmte Evangelistenpfeiler, auf dessen Kapitell Pferde dargestellt sind (Bild 32). Jeder der vier Evangelisten hält in der Hand sein Symbol, an dem er zu erkennen ist.
Von Saint-Bertrand aus gelangt man nach TOULOUSE (Haute-Garonne 31; Michelin-Karte 82, Spalte 8). Die Kreuzgänge des Augustinermuseums (14. und 17. Jahrhundert) vereinigen eine große Zahl romanischer Kapitelle verschiedener Herkunft, unter anderen die aus den prächtig skulptierten einstigen Kreuzgängen der Basilika Notre-Dame-de-la-Daurade (Bild 35) und der Kathedrale Saint-Étienne (Bild 34).

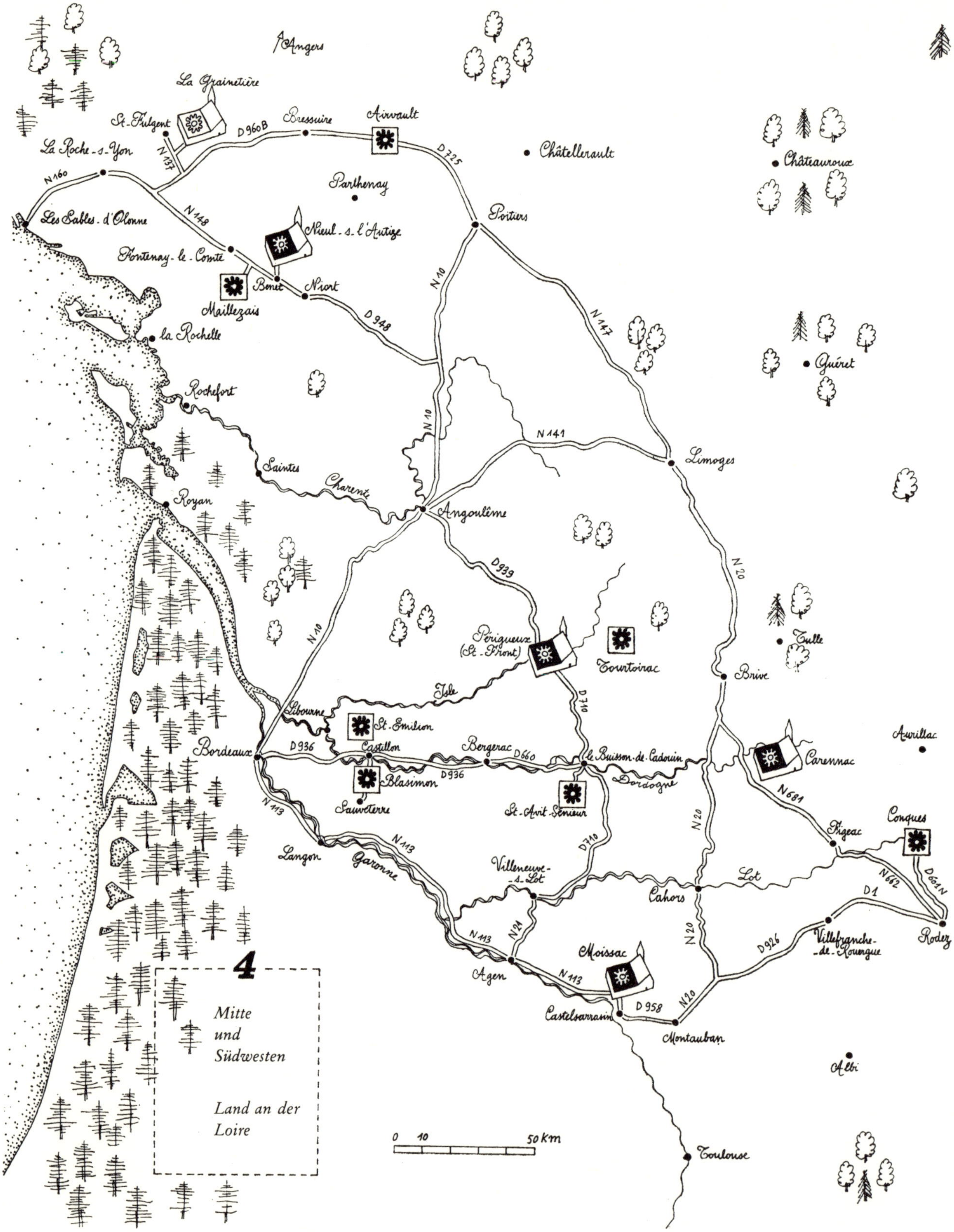

Angers
La Grainetière
St-Fulgent
Bressuire
Airvault
D960B
N137
La Roche-s-Yon
N160
Châtellerault
D725
Châteauroux
Parthenay
Les Sables-d'Olonne
N148
Nieul-s-l'Autize
Poitiers
Fontenay-le-Comte
Benet
Niort
Maillezais
N10
D948
N147
la Rochelle
Guéret
Rochefort
N141
Limoges
Saintes
Charente
Royan
Angoulême
D939
N20
N10
Périgueux (St-Front)
Tourtoirac
Tulle
Brive
Isle
Libourne
St-Emilion
D936
Castillon
Bergerac
D660
le Buisson-de-Cadouin
Bordeaux
Blasimon
D936
Dordogne
Carennac
Aurillac
Sauveterre
St-Avit-Sénieur
N681
N113
Figeac
Conques
D710
Langon
N113
Garonne
Villeneuve-s-Lot
Lot
Cahors
N662
D601N
D1
N24
N113
N20
Moissac
D926
Villefranche-de-Rouergue
Rodez
Agen
N113
D958
N20
Castelsarrasin
Montauban
Albi
Toulouse
0 10 50 km
4
Mitte
und
Südwesten
Land an der
Loire

Mitte und Südwesten, das Land an der Loire

Wir wenden uns nun einer neuen Region zu, die wir der Einfachheit halber in groben Zügen Mittel- und Südwestfrankreich nennen können. In Wirklichkeit besteht dieser Teil des Landes aus sehr verschiedenartigen Gebieten, die zu unterschiedlichen Zeiten christianisiert wurden. Wir gruppieren sie also wie bisher aus praktischen Gründen, mit Rücksicht auf die Zahl der Kreuzgänge. Die ersten drei Beispiele, die wir besprechen, könnte man ebensogut der vorhergehenden Region zuordnen.

Wir beginnen diese Rundfahrt im Süden mit MOISSAC (Tarn-et-Garonne 82; Michelin-Karte 79, Spalte 16/17). Die Benediktinerabtei wurde im 7. Jahrhundert von Mönchen aus Saint-Wandrille gegründet. Wie viele andere Klöster, mußte sie die aufeinanderfolgenden Verwüstungen durch Sarazenen, Normannen und Ungarn hinnehmen. Im Jahre 1047 kam Moissac unter die Herrschaft von Cluny. Damit begann der Aufstieg, der zu Ansehen und Wohlstand führte. Doch in den Albigenserkriegen und dem Hundertjährigen Krieg wurde das Kloster erneut zerstört und verfiel, bis es von einem Chorherrenstift übernommen wurde. Obwohl das Kloster während der Französischen Revolution verkauft wurde, konnte der Kreuzgang trotz mancher Beschädigung gerettet werden. Zusammen mit dem Kreuzgang von Conques zählt er zu den ältesten Kreuzgängen Frankreichs. Im Jahre 1100 war er bereits vollendet.

Seine vier mit Pultdächern bedeckten Galerien öffnen sich auf den Hof durch sehr leichte Spitzbögen und elegante, abwechselnd einfache oder gekoppelte Säulen aus weißem, rosa und grauem Marmor. Die Pfeiler in den Ecken und in der Mitte der Galerien sind mit Marmorplatten verkleidet, die von alten Sarkophagen stammen. Abgesehen von einer Ausnahme, zeigen sie Apostelfiguren. Auf der besonderen Reliefplatte sieht man Durandus, den

Abt von Moissac und Bischof von Toulouse. (Bild 37). Die Kapitelle stammen aus den Werkstätten von Toulouse. Sie zeigen Tiere, geometrische Motive und Szenen aus der Heiligen Schrift (Bild 36).

Man kehrt auf der D 927 oder auf der A 61 und N 20 nach Montauban zurück und durchquert Caussade, wo man im Osten auf die D 926 abzweigt und bis Villefranche-de-Rouergue fährt. Dort führt die D 1 nach Norden; man kommt auf der D 922 nach Figeac und auf der N 140 nach Decazeville. Wenn man die Stadt auf der D 580 verläßt, erreicht man schließlich über die D 502 und D 901 CONQUES (Aveyron 12; Michelin-Karte 80, Spalte 2 oder Karte 76, Spalte 12).

Conques war eine wichtige Station auf der Pilgerstraße nach Santiago de Compostela. Durch ihre Reliquien genoß die Benediktinerabtei Sainte-Foy seit dem 9. Jahrhundert Ruhm und Ansehen. Dank der Pilger erlebte sie im 11., 12. und 13. Jahrhundert eine außerordentliche Blütezeit. 1561 wurde das Kloster durch die Hugenotten zerstört.

Ein Teil des zwischen 1087 und 1107 erbauten Kreuzgangs ist heute wiederhergestellt (Bild 39). Man sieht seine ursprüngliche Gesamtanlage auf das Pflaster des Fußbodens aufgezeichnet. Sechs Arkaden stehen noch nahe beim Refektorium. Die Qualität der verbliebenen Kapitelle läßt den Vandalismus der vergangenen Jahrhunderte bedauern. Der alte Brunnen der Mönche besteht aus Serpentingestein. Im letzten Jahrhundert brach man einen großen Teil des Kreuzgangs ab und verkaufte ihn teils in Frankreich, teils in die Vereinigten Staaten.

Wir kehren nach Figeac zurück und fahren von dort aus auf der N 140 Richtung Nordwesten, dann auf der D 940 bis nach Saint-Céré und weiter nach Westen auf der N 673 bis zur D 30, die entlang der Bave nach CARENNAC führt (Lot 46; Michelin-Karte 75, Spalte 19). Das 1040 von Cluny gegründete Priorat wurde im 14. Jahrhundert Dekanat. Der Kreuzgang ist im 20. Jahrhundert restauriert worden. Eine romanische Galerie existiert noch an der Kirche, die übrigen drei sind spätgotisch. Jedes Joch besitzt zwei Rundbogenarkaden, die auf Zwillingssäulen ruhen.

Von Carennac erreicht man zunächst Brive, dann Périgueux. Zwischen Brive und Périgueux führt die N 89 über die D 5 nach Norden zur ehemaligen Abtei TOURTOIRAC (Dordogne 24; Michelin-Karte 75, Spalte 6/7). Vom Kreuzgang blieben einige Arkaden erhalten, deren Kapitelle mit Blattwerk, Tieren und Mönchsköpfen versehen sind, die sich gegenseitig am Bart ziehen (Bild 41).

Der zweite Teil dieses Reisewegs beginnt mit der Besichtigung des Kreuzgangs der Kathedrale von PÉRIGUEUX, von dem einige romanische Elemente erhalten geblieben sind (Bild 40). Die anderen Teile des Bauwerks stammen aus der Gotik oder Renaissance. In der Mitte des Innenhofs steht die Spitze des ersten Glockenturms der Kirche, die im Laufe der Jahrhunderte mehrmals abbrannte. Die im byzantinischen Stil erbaute Kathedrale ist stark restauriert.

Die drei folgenden Orte bewahren nur noch wenige Reste aus romanischer Zeit. Daher werden wir sie nur kurz erwähnen.

Zuerst kommt SAINT-AVIT-SENIEUR (Dordogne 24; Michelin-Karte 75, Spalte 16) an der D 25. Im öffentlichen Park stehen einige Arkaden vom einstigen Kreuzgang der im 11. Jahrhundert gegründeten Benediktinerabtei. Der zweite Ort ist BLASIMON. Man

nimmt die D660 bis Bergerac, dann die D936, durchquert Sainte-Foy-la-Grande und nimmt schließlich die D17 (Gironde 33; Michelin-Karte 75, Spalte 12). Von dem Kreuzgang der ehemaligen Abtei stehen an der Kirche noch einige Arkaden mit romanischen Kapitellen. In dem nördlich der D670a an der D122 gelegenen SAINT-ÉMILION (Gironde 33; Michelin-Karte 75, Spalte 12) findet man zwei Kreuzgänge, die einige Fragmente aus romanischer Zeit bergen: den Kreuzgang der Franziskaner und besonders den der Kollegiatskirche.
Um einen vollständig erhaltenen romanischen Kreuzgang anzutreffen, muß man einen anderen Weg wählen, der von Niort ausgehen kann und nach NIEUL-SUR-L'AUTIZE führt (Deux-Sèvres 79; Michelin-Karte 71, Spalte 1). Die vier Galerien, die an die ehemalige Kollegiatskirche angrenzen, sind rustikal und schlicht (Bild 43). Die Kreuzgrate sind einfach ausgeführt, ohne Profilierung oder Gurtbögen. Man sagt, daß Eleonore von Aquitanien im Jahre 1122 in Nieul geboren sein soll.
An unserem Weg liegt die Benediktinerabtei MAILLEZAIS aus dem 10. Jahrhundert (Deux-Sèvres 79; Michelin-Karte 71, Spalte 1). Unter Agrippa d'Aubigné entwickelte sich Maillezais zu einer Hochburg der Hugenotten. Man erreicht sie über die D15. Alle in diesem Gebiet ansässigen Orden arbeiteten an der Trockenlegung des Marais Poitevin, der Sumpflandschaft des Poitou.
Auf der letzten Etappe unserer Exkursion begegnen wir nur noch wenigen Klosterbauten, obwohl das Loire-Tal bereits in gallorömischer Zeit im 3. Jahrhundert zunächst durch den heiligen Gratian und dann durch den heiligen Martin und dessen Schüler christianisiert worden war. Doch mußte das Land manche Invasionen und die Religionskriege über sich ergehen lassen. Trotzdem findet man noch viele Kirchen als Zeugen mittelalterlicher Abteien. Darüber hinaus durchzogen die Pilger diese Region auf ihrem Weg nach Santiago de Compostela.
Von Niort aus nimmt man gen Norden die D743 bis Parthenay, dann die D938 und biegt nach 15 Kilometern nach rechts auf die D46 ab, um nach AIRVAULT zu gelangen (Deux-Sèvres 79; Michelin-Karte 67, Spalte 18). Vom ehemaligen Augustinerpriorat zeugen noch einige Arkaden des Kreuzgangs und Reste des Kapitelsaals im Pfarrhaus rechts neben der Abteikirche.
Wenn man auf Airvault verzichtet, kann man auch direkt von Niort über die N148, an Fontenay-le-Comte vorbei, auf die N137 und dann auf die N160 fahren, die vor der Kreuzung mit der D48 bis zur ehemaligen Abtei LA GRAINETIÈRE führt (Vendée 85; Michelin-Karte 67, Spalte 15). Hier steht noch eine interessante Galerie des einstigen Kreuzgangs mit einer darüberliegenden hölzernen Galerie, die mit einem Pultdach abschließt (Bild 42). Nachdem man Les Herbiers und Cholet durchquert hat, gelangt man schließlich nach ANGERS (Maine-et-Loire 49).
Heute befindet sich in den Gebäuden der ehemaligen Abtei Saint-Aubin die Präfektur. Eine Galerie mit den romanischen Arkaden des reich geschmückten Kreuzgangs ist innerhalb der im 17. Jahrhundert errichteten Gebäude freigelegt worden (Bild 44 und 45). Außerdem blieben zwei romanische Galerien im Kreuzgang Saint-Jean des ehemaligen Hospitals erhalten.

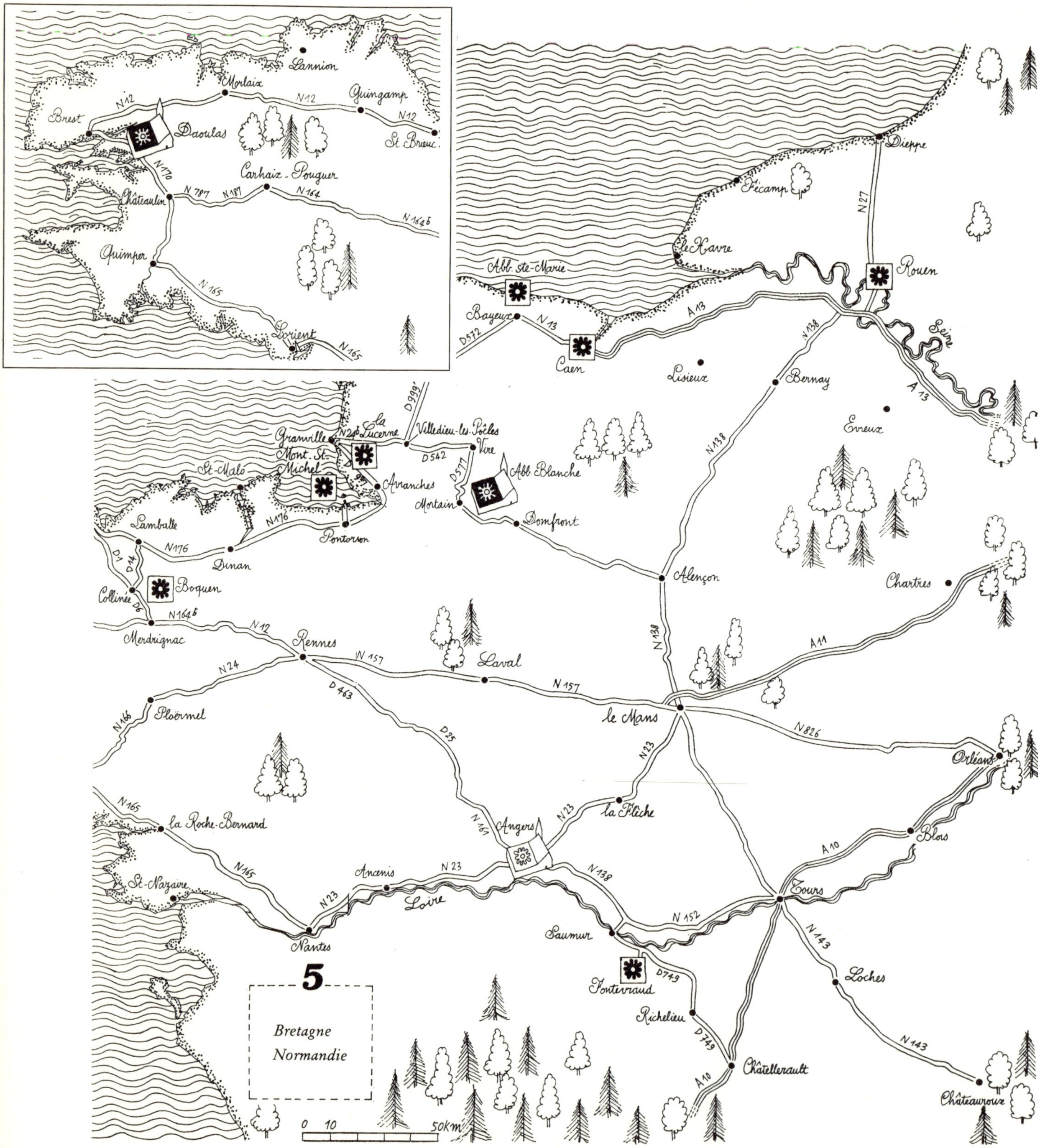
Lannion
Morlaix
Guingamp
N12
Brest
Daoulas
St Brieuc
N170
Carhaix-Pouguer
Châteaulin
N787
N164
N164b
Quimper
N165
Lorient
Dieppe
Fécamp
N27
Le Havre
Rouen
Abb. ste-Marie
Bayeux
N13
D572
A13
Caen
N138
Seine
Lisieux
Bernay
Evreux
D999
La Lucerne
Villedieu-les-Poêles
Granville
Mont. St-Michel
Vire
D542
St-Malo
Avranches
D577
Abb Blanche
Mortain
Domfront
Lamballe
N176
Pontorson
D1
Dinan
Alençon
Boquen
Chartres
Collinée
Merdrignac
N12
Rennes
N157
Laval
N24
A11
D463
Ploërmel
le Mans
N166
D25
N23
N826
Orléans
N165
la Roche-Bernard
la Flèche
N161
Angers
Blois
A10
St-Nazaire
Ancenis
N23
Loire
Tours
N152
Nantes
Saumur
N143
5
Fontevraud
D749
Loches
Bretagne
Normandie
Richelieu
Châtellerault
Châteauroux
0
10
50Km

Bretagne und Normandie

Auf einer Reise in diese Region sollte man nicht versäumen, den einzigen Kreuzgang der Bretagne zu besuchen.

Tatsächlich besteht in der Bretagne fast nichts mehr aus der Zeit vor den normannischen Invasionen im 10. Jahrhundert. Die Einwohner, die selbst auf der Flucht vor den Einfällen aus Britannien gekommen waren, bauten in Holz. Die Christen wollten die Menhire, die »Steinalleen« oder Alignements und die Dolmen ihrem Kult weihen, indem sie sie mit ihren Symbolen versahen. Im 11. und 12. Jahrhundert erlebte die Bretagne Notzeiten, die bis ins 14. Jahrhundert andauerten. Daraus erklärt sich, warum nur so wenige Bauten vor dem gotischen Zeitalter entstanden. In dieser Region wirkten die Schüler Columbans, insbesondere als Wandermissionare oder Eremiten. Nur wenige Spuren zeugen von ihrem Wirken.

In DAOULAS, südlich von Landerneau an der D770, finden wir die Reste eines 1167 gegründeten Augustiner-Chorherrenstiftes (Michelin-Karte 58, Spalte 5). Der Kreuzgang ist zwischen 1167 und 1178 gebaut worden. Obwohl er in der Revolution verkauft wurde, konnte man später noch drei Seiten rekonstruieren. Dieser einzige romanische Kreuzgang der Bretagne besteht aus 32 Rundbogenarkaden, die auf abwechselnd einfachen oder gekoppelten Säulen ruhen (Bild 46). In den Ecken findet man einen aus vier Säulen gebündelten Pfeiler. Die Kapitelle und die Abaki bestehen aus Kersantitgestein und sind mit Motiven geschmückt, die man auch an dem achteckigen Becken des alten Brunnens in der Mitte des Innenhofs wiederfindet. Das Dachgebälk wurde nicht wiederhergerichtet.

In der Normandie finden sich ebenfalls kaum noch Kreuzgänge, obwohl das Land immer reich gewesen ist. Der weiche Stein von den Kreidefelsen der Seine oder der harte Kalkstein von Caen ermöglichten hier den Bau gewaltiger Monumente. Der Stein wurde sogar nach England exportiert, wo es daran mangelte. Die Invasionen, die die Normandie heimsuchten, hinterließen überall Ruinen. Im 11. Jahrhundert begannen die Baumeister und Mönche mit der Wiederherstellung oder mit Neubauten. Die Benediktiner spielten dabei in der Normandie eine herausragende Rolle. Sie waren es, die die ersten bedeutenden Sakralbauten errichteten. Davon ist jedoch beinahe alles verlorengegangen oder umgestaltet worden. Das, was blieb, vermittelt aber noch eine Vorstellung von der Reinheit der Linien und Proportionen, der Sparsamkeit des Dekors, der Meisterschaft der Steinbearbeitung und einer in jener Epoche unvergleichlichen Kühnheit im Aufriß der Bauten. Unter Wilhelm dem Eroberer, zwischen 1035 und 1087, erreichte die romanische Architektur der Normandie ihren Höhepunkt.

Die Abtei Blanche in MORTAIN (Manche 50; Michelin-Karte 59, Spalte 9) ist im Jahre 1105 von den Benediktinern gegründet, später jedoch von den Zisterziensern übernommen worden. Aus romanischer Zeit (12. Jahrhundert) blieben der Kapitelsaal und zwei Galerien des Kreuzgangs, des ältesten der Normandie, erhalten (Bild 47).

Weiterhin haben sich noch einige Kreuzgangarkaden der ehemaligen Abtei LA LUCERNE südöstlich von Granville (Manche 50; Michelin-Karte 59, Spalte 12) und Reste des Kreuzgangs der Abtei SAINTE-MARIE (Calvados 14) in der Umgebung von Bayeux bewahrt.

In ROUEN (Seine-Maritime 76) befinden sich im Musée des Beaux-Arts einige Kapitelle des Kreuzgangs von Saint-Martin aus Boscherville (Bild 48).

Der Nordosten und das Pariser Becken

In diesen Regionen, im Norden und Osten Frankreichs, ist die romanische Kunst verhältnismäßig spärlich vertreten, denn immer wieder sind diese Landschaften von Kriegen heimgesucht worden. Wenn mitunter auch die Kirchen erhalten geblieben sind, so finden wir von den Klöstern und erst recht von den Kreuzgängen kaum mehr als Ruinen. Daher kommt es, daß man hier nur auf ein Beispiel, auf die Kapitelle des kleinen Benediktinerkreuzgangs von Eschau aus dem 12. Jahrhundert, hinweisen kann, die in STRASSBURG (Bas-Rhin 67) im Musée de l'Œuvre Notre-Dame aufbewahrt werden (Bild 49 und 50).

In der Pariser Region gibt es andere Gründe für den geringen Bestand an romanischen Kreuzgängen und Abteien. Dieses reiche Land erhielt immer wieder große Schenkungen, so daß man die alten Bauten abriß, um an ihrer Stelle größere und schönere nach dem Geschmack der Zeit zu errichten.

Paris zählte im Mittelalter mehr als zehn Klöster und damit ebenso viele Kreuzgänge. Davon blieb kein einziger aus romanischer Zeit, und auch aus gotischer Zeit sind nur wenige Reste erhalten. Im 13. Jahrhundert gab es mehr als 20 Kirchen, von denen einige zu Klöstern auf der Île de la Cité gehörten. Die ältesten Kirchen von Paris sind vielfach auf dem Platz eines heidnischen Tempels errichtet worden und bergen römische Reste und sogar wiederverwendete römische Säulen, wie Saint-Pierre auf dem Montmartre. Die von Chlodwig gegründete Abtei Saint-Germain-des-Prés (Kreuzgang des Lycée Henri IV.) hat nichts von ihrem Kreuzgang bewahren können. Hier, wie auch bei Saint-Martin-des-Champs (Conservatoire des arts et des métiers), kann man nur noch den Standort des einstigen Kreuzgangs erkennen. Der Kreuzgang der Barmherzigen Brüder (Billettes) ist der einzige mittelalterliche Kreuzgang in Paris. Er stammt aus dem 15. Jahrhundert, wie das Beinhaus von Saint-Séverin.

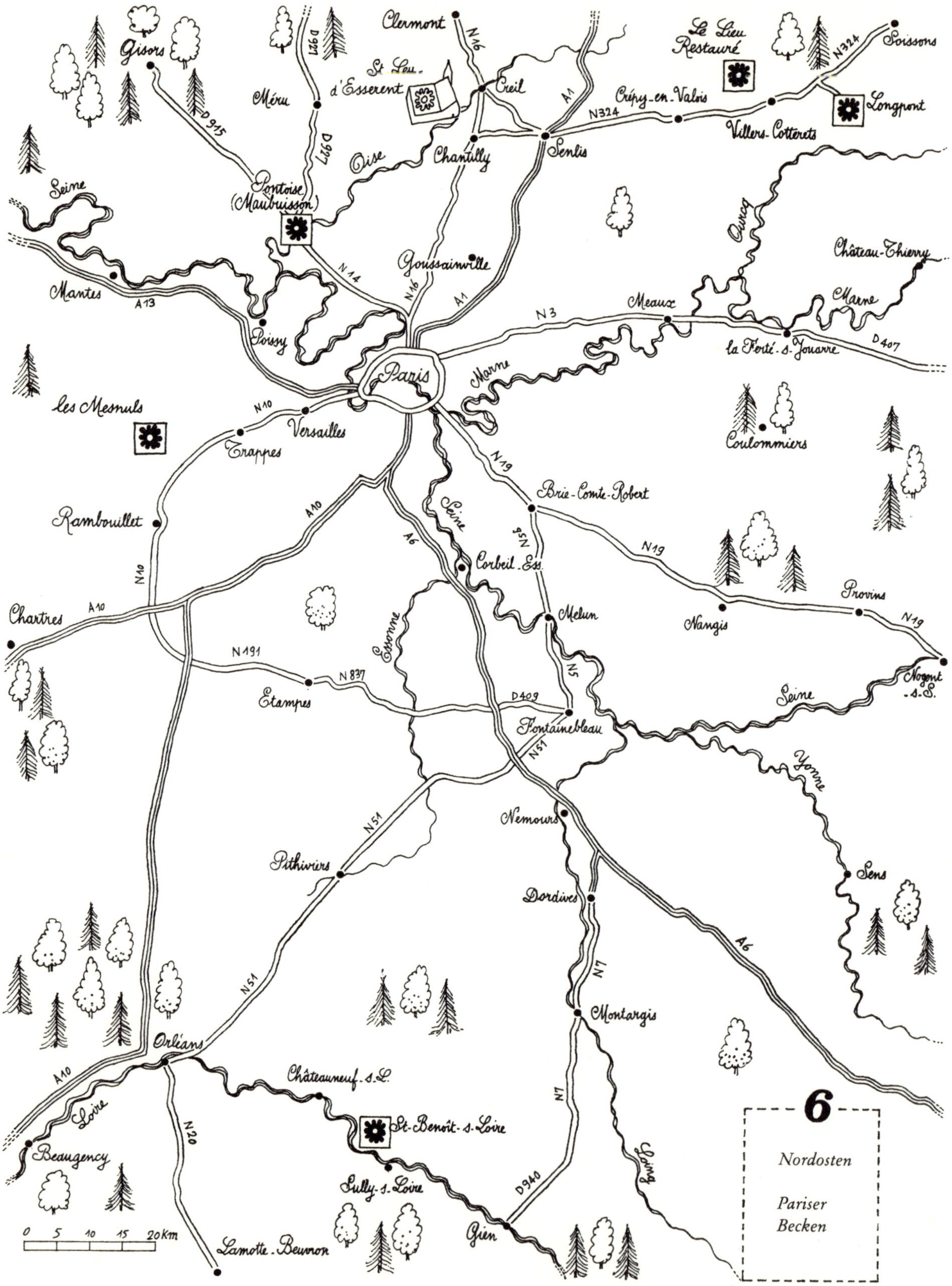

Clermont
Le Lieu Restauré
Soissons
Gisors
Méru
St. Leu d'Esserent
Creil
Crépy-en-Valois
Longpont
Villers-Cotterets
Chantilly
Senlis
Oise
Seine
Pontoise (Maubuisson)
Ourcq
Goussainville
Château-Thierry
Mantes
Meaux
Marne
Poissy
la Ferté-s.-Jouarre
Paris
Marne
les Mesnuls
Versailles
Trappes
Coulommiers
Rambouillet
Brie-Comte-Robert
Seine
Corbeil-Ess.
Provins
Chartres
Melun
Nangis
Essonne
Nogent-s.-S.
Etampes
Seine
Fontainebleau
Yonne
Nemours
Pithiviers
Sens
Dordives
Montargis
Orléans
Châteauneuf-s.-L.
Loire
St-Benoît-s-Loire
Beaugency
Sully-s-Loire
Loing
Gien
Lamotte-Beuvron
0 5 10 15 20 Km
D 921
N16
A1
N324
D915
D 927
N 14
N16
A1
A13
N 3
D 407
N 10
N 19
N 36
N19
A 10
A6
N 10
A 10
N 191
N 837
D 409
N 5
N 51
N 51
N 51
A6
N 7
A 10
N 20
N 7
D 940
6
Nordosten
Pariser Becken

In LE LIEU RESTAURÉ (Oise 60) trifft man auf die Ausgrabungsstätten eines ehemaligen Prämonstratenserstiftes. Nach der Zerstörung während der Religionskriege wurde es in einen Gutshof verwandelt. An der Südseite der Kirchenruine hat man die Fundamente des Kreuzgangs freigelegt. Der Ort liegt vier Kilometer westlich von Vez an der D 32 zwischen Villers-Cotterets und Morienval (Michelin-Karte 97, Spalte 8).
Die einzigen Reste eines noch aufrecht stehenden Kreuzgangs, die im Pariser Becken erhalten sind, kann man in SAINT-LEU-D'ESSERENT sehen (Oise 60). Das ehemalige Cluniazenserpriorat beherrscht in großartiger Lage auf einer Felswand das Tal der Oise. Neben der schönen Kirche (12. Jahrhundert) aus dem schönen Gestein von Saint-Leu, blieben ein befestigtes Tor, ein unterirdischer Saal und zwei Seiten des Kreuzgangs aus dem 12. Jahrhundert erhalten (Michelin-Karte 97, Spalte 17). Der Ort ist über die D 92 zu erreichen.
Schließlich findet man in dem verwilderten und der Öffentlichkeit nicht zugänglichen Park des Schlosses LES MESNULS südöstlich von Montfort-l'Amaury an der N 191 (Yvelines 78; Michelin-Karte 97, Spalte 26) den wiederaufgebauten Kreuzgang von SAINT-GENIS-DES-FONTAINES aus dem 13. Jahrhundert. Dieser herrliche Kreuzgang aus rosa und weißem Marmor, den wir bereits auf unserer Rundreise durch das Roussillon besprochen haben, soll bald zurückgebracht und an seinem ursprünglichen Platz wiedererrichtet werden.

Die Kreuzgänge der Kathedralen oder Chorherrenstifte, überwiegend mit Skulpturenschmuck

Aix-en-Provence: Kathedrale, »erzählende« Kapitelle.
Arles: Kathedrale, zwei romanische Galerien.
Cavaillon: Kathedrale.
Daoulas: Chorherrenstift.
Elne: Kathedrale, eine romanische Galerie mit »erzählenden« Kapitellen, die anderen Galerien aus dem 13. und 14. Jahrhundert in romanischem Stil.
Fréjus: Kathedrale.
Les Mesnuls: Kreuzgang aus Saint-Genis-des-Fontaines.
Nieul-sur-l'Autize: Chorherrenstift.
Périgueux: Kathedrale Saint-Front, zum Teil romanisch, der Rest gotisch.
Le Puy: Kathedrale, eine romanische Galerie.
Serrabone: Chorherrenstift, eine romanische Galerie.
Saint-Bertrand-de-Comminges: Chorherrenkapitel.
Saint-Donat-sur-l'Herbasse: Chorherrenstift.
Saint-Lizier: Kathedrale, vollkommen erhaltener romanischer Kreuzgang.
Saint-Paul-de-Mausole: Chorherrenstift.
Vaison-la-Romaine: Kathedrale.

Kreuzgänge von Klöstern

Angers: Saint-Aubin und das ehemalige Hospital Saint-Jean.
Arles-sur-Tech: Benediktinerabtei.
Carennac: Priorat der Cluniazenser, eine Galerie im romanischen, drei im Flamboyant-Stil.
Charlieu: Benediktinerabtei, später Cluny unterstellt, eine romanische Galerie.
Conques: Benediktinerabtei, später Kollegiat.
Fontenay: Zisterzienserabtei, ohne figürliche Skulptur.
Fontfroide: Benediktinerabtei, später Zisterzienserkloster, halb romanisch, halb gotischer Kreuzgang.
Ganagobie: Cluniazenserabtei.
La Grainetière: eine Galerie.
Lavaudieu: Benediktinerabtei, »erzählende« Kapitelle.
Moissac: Benediktinerabtei, später Cluny unterstellt und schließlich Kanonikerstift.
Montmajour: Benediktinerabtei, später Cluny unterstellt, eine Galerie aus dem 14. Jahrhundert.
Mortain: Benediktinerabtei, später Zisterzienserkloster.
Saint-Guilhem-le-Désert: Benediktinerabtei, zwei Galerien (die übrigen Teile im Museum »The Cloisters«, New York).
Saint-Martin-du-Canigou: Benediktinerabtei, dann Stift.
Saint-Michel-de-Cuxa: Benediktinerabtei (ebenfalls zum Teil im Museum »The Cloisters«).
Saint-Michel-de-Frigolet: Benediktinerabtei, dann Prämonstratenserstift.
Saint-Papoul: Benediktinerabtei, dann Bischofssitz.
Salles: Cluniazenserabtei, eine Galerie romanisch.
Sénanque: Zisterzienserabtei, Blattkapitelle.
Silvacane: Zisterzienserabtei.
Silvanès: Zisterzienserabtei.
Le Thoronet: Zisterzienserabtei.
Tournus: Benediktinerabtei.
Vausse: Zisterzienserabtei.
Vienne: Benediktinerinnenkloster.

Vollständig erhaltene Kreuzgänge oder sehenswerte Teile

Aix-en-Provence
Angers
Arles, Saint-Trophime
Arles-sur-Tech
Carennac
Cavaillon
Charlieu
Conques
Daoulas
Elne
Fontenay
Fontfroide
Ganagobie
La Grainetière
Lavaudieu
Lessay
Les Mesnuls
Moissac
Montmajour
Mortain
Nieul-sur-l'Autize
Périgueux
Le Puy
Saint-Bertrand-de-Comminges
Saint-Guilhem-le-Désert
Saint-Leu-d'Esserent
Saint-Lizier
Saint-Martin-du-Canigou
Saint-Michel-de-Cuxa
Saint-Michel-de-Frigolet
Saint-Papoul
Saint-Paul-de-Mausole
Salles
Sénanque
Serrabone
Silvacane
Silvanès
Le Thoronet
Tournus
Vaison-la-Romaine
Vausse
Vienne

Museen, in denen sich Kapitelle oder Reste von Kreuzgängen befinden

Caen
Châlons-sur-Marne
Louvre
Montpellier (Société archéologique)
Reims (Saint-Remi)
Rouen
Straßburg
Toulouse
New York (The Cloisters)

Ortsregister

Die kursiv gedruckten Zahlen weisen auf die Seiten mit ausführlicherer Beschreibung hin

Aiguebelle *86*, 87
Airvault *99*
Aix-en-Provence *87*
Angers *99*
Arles 20, 21, 24, 88, *89*
Arles-sur-Tech *93*
Auxerre *31*

Blasimon *98*
Bonnefont en Comminges 92, 94

Carennac *98*
Cavaillon *88*
Centula/Saint-Riquier 20
Châlons-sur-Marne *29*
Charlieu *82*
Cîteaux 16, 17, 29, *82*
Clairvaux 17, 18, 29, 82
Cluny 13 ff., 16, 17, 24, 29, 31, *82*
Conques 97, *98*

Daoulas *101*
Dijon 31

Elne 24, *93*
Eschau *103*

Fiesole 19
Fontenay *31*, 88
Fontenelle/Saint-Wandrille 12, 20, 97
Fontfroide *92*
Fréjus *87*

Ganagobie 22, *86*

Joncels *92*
Jumièges 12, 20, 82

La Ferté 82
La Grainetière *99*
Lagrasse *93*
La Lucerne *102*
Lavaudieu *83*
Le Lieu Restauré *105*
Le Puy *83*
Lérins *85*, 89
L'Escale Dieu 88
Les Mesnuls 93, *105*
Le Thoronet 20, *87*, 88
Ligugé 9
Luxeuil 12

Maillezais *99*
Marmoutier 9
Moissac 24, *97*
Monastir del Camp *94*
Monte Cassino 11
Montmajour 87, 88, *89*
Morimond 82
Mortain *102*

Nieul-sur-l'Autize *99*
Noirmoutier 82

Paris 103
Périgueux *98*
Pontigny 82

Reims *29*
Remiremont 12
Rouen 102

Salles *85*
Saint-Avis-Senieur *98*
Saint-Bertrand-de-Comminges *95*
Saint-Donat-sur-l'Herbasse *86*

Saint-Emilion *99*
Saint-Genis-des-Fontaines *93*, *105*
Saint-Guilhem-le-Désert *91*, 94
Saint Leu-d'Esserent *105*
Saint-Lizier *95*
Sainte-Marie *102*
Saint-Martin/Boscherville *102*
Saint-Martin-du-Canigou 20, 25, *94*
Saint-Michel-de-Cuxa 92, 93, *94*, 95
Saint-Michel-de Frigolet 87, *89*
Saint Papoul *95*
Saint-Paul-de Mausole 21, 25, 87, *88*
Saint-Victor/Marseille 16, 89
Sankt Gallen 12, 20
Sénanque 21, *88*
Serrabone 93, *94*
Silvacane *88*
Silvanès *92*
Straßburg *103*

Ternay *86*
Toulouse *95*
Tournus 31, *82*
Tourtoirac *98*
Trie 92

Vaison-la-Romaine 21, *86*
Vausse 22, *31*
Vienne *86*
Ville-l'Évêque 93